Hanspeter Heinz (Hg.)

Um Gottes willen miteinander verbunden

Forum Christen und Juden

herausgegeben von

Prof. Dr. Erhard Blum (Tübingen)
Prof. Dr. Hanspeter Heinz (Augsburg)
PD Dr. Uri Kaufmann (Heidelberg)

Band 1

LIT

Hanspeter Heinz (Hg.)

Um Gottes willen miteinander verbunden

Der Gesprächskreis „Juden und Christen"
beim Zentralkomitee der Deutschen Katholiken

LIT

Bibliografische Information Der Deutschen Bibliothek
Die Deutsche Bibliothek verzeichnet diese Publikation in der Deutschen
Nationalbibliografie; detaillierte bibliografische Daten sind im Internet
über http://dnb.ddb.de abrufbar.

ISBN 3-8258-7409-5

©︎ LIT VERLAG Münster 2004
Grevener Str./Fresnostr. 2   48159 Münster
Tel. 0251–23 50 91   Fax 0251–23 19 72
e-Mail: lit@lit-verlag.de   http://www.lit-verlag.de

Inhalt

Uri Kaufmann
Vorwort im Namen der Herausgeber — 7

Walter Kardinal Kasper
Geleitwort — 10

Karl Kardinal Lehmann
Geleitwort — 12

Hanspeter Heinz
Vorstellung des Gesprächskreises "Juden und Christen" — 14

Dokumentation

Theologische Schwerpunkte des jüdisch-christlichen Gesprächs
Arbeitspapier vom 8. Mai 1979 — 28

Nach 50 Jahren - wie reden von Schuld, Leid und Versöhnung?
Erklärung vom 19. Februar 1988 — 39

Kloster und Kreuz in Auschwitz?
Erklärung vom 26. April 1990 — 56

Juden und Judentum im neuen Katechismus der Katholischen Kirche - ein Zwischenruf
Diskussionspapier vom 29. Januar 1996,
ergänzt um Stellungnahmen aus den USA von Eugene J. Fisher,
James L. Heft, Alan Mittleman und Michael A. Signer — 62

Nachdenken über die Schoa
Mitschuld und Verantwortung der katholischen Kirche
Erklärung vom 6. Juli 1998 — 90

Reise ins Heilige Land
Überarbeitete und erweiterte Auflage 1998 — 100

Pius IX. und die Juden
Stellungnahme vom 21. Juli 2000 — 138

Stellungnahmen

Mary C. Boys
Die Straße bahnt sich beim Gehen   142

Ernst Ludwig Ehrlich
Schritte zu einer theologischen und menschlichen Neubesinnung   146

John T. Pawlikowski
Theologische Themen aus dem Dialog ausgrenzen?   151

Michael A. Signer
Dialog aus der Asche. Jüdisch-christliches Gespräch in Deutschland   157

Martin Stöhr
Von der Verachtung zur Achtung der Juden   165

Anhang

Mitglieder des Gesprächskreises "Juden und Christen" beim ZdK   175

Veröffentlichungen des Gesprächskreises "Juden und Christen" beim ZdK   178

Autoren dieses Buches   181

Vorwort

Mit der Katastrophe des europäischen Judentums im 20. Jahrhundert hat Europa seine zentrale Bedeutung als katalysatorische und zugleich schwierige Umwelt einer reichen jüdischen Kultur verloren. Die Schwerpunkte jüdischen Lebens haben sich nach Israel und in die Vereinigten Staaten von Amerika verlagert. So sind Strömungen des neuzeitlichen Judentums, die im 19. Jahrhundert maßgeblich in Deutschland ihren Ursprung hatten, heute vor allem in den USA in ihrer Vielfalt und vitalen Kraft präsent. Aber auch in west- und mitteleuropäischen Ländern nimmt die geschwächte jüdische Minderheit wieder auf unterschiedliche Weise Gestalt an.

Trotz mancher Rückschläge hat sich nach dem Zweiten Weltkrieg das christlich-jüdische Verhältnis zum Besseren gewendet. Auf breiterer Basis als jemals zuvor sind partnerschaftliche Begegnungen, offener Dialog und praktische Zusammenarbeit zwischen Juden und Christen, jüdischen Gemeinden und Kirchen sowie anderen gesellschaftlichen Gruppen möglich geworden. Die Aufarbeitung eigener antijüdischer Traditionen und die Besinnung auf die jüdischen Wurzeln christlicher Identität haben in den Kirchen und in der akademischen Theologie einen selbstkritischen Lernprozess eingeleitet. Davon zeugen insbesondere neuere Erklärungen kirchlicher Gremien zum Verhältnis von Christen und Juden, die Revision von Schulbüchern für Religion und Geschichtsunterricht sowie wissenschaftliche Publikationen in allen Bereichen der theologischen Forschung.

Diese neue Reihe bietet erstmals ein Forum für Arbeiten und Dokumentationen zu historischen und aktuellen Themen, die für eine authentische gegenseitige Wahrnehmung von Juden und Christen von Bedeutung sind. Dazu gehören Studien zur Geschichte der Juden in den Ländern Europas und Nordamerikas und paradigmatische Biographien von Juden und Christen ebenso wie informative Beiträge zu Entwicklungen im zeitgenössischen Judentum und im christlich-jüdischen Dialog. Das Forum ist interessiert, jüdische und christliche Positionen zu Grundfragen der christlich-jüdischen Beziehungen, aber auch zu aktuell debattierten Themen miteinander ins Gespräch zu bringen. Hierzu bietet es unter anderem auch Raum für Publikationen von Sym-

Vorwort

posien und Seminaren, die sich mit entsprechenden Themenkreisen befassen.

Die drei Herausgeber der Reihe sind der katholische Augsburger Pastoraltheologe Hanspeter Heinz, der seit dreißig Jahren den Gesprächskreis "Juden und Christen" beim Zentralkomitee der deutschen Katholiken leitet, der evangelische Tübinger Theologe Erhard Blum, dessen Forschung am Alten Testament durch das Gespräch mit jüdischen Bibelwissenschaftlern wesentlich geprägt ist, und der jüdische Historiker Uri Kaufmann aus Heidelberg, der zur mitteleuropäisch-jüdischen Geschichte vom 18. bis 20. Jahrhundert forscht.

Der vorliegende Band, der die Reihe FORUM CHRISTEN UND JUDEN eröffnet, dokumentiert und kommentiert die Arbeit des 1971 vom Zentralkomitee der deutschen Katholiken ins Leben gerufenen Gesprächskreises "Juden und Christen". Nirgends sonst in der Welt hat das höchste Laiengremium eines Landes ein Dialogorgan von Juden und Christen mit dem Ziel gegründet, die gegenseitigen Beziehungen zu fördern. Einzig ist der Gesprächskreis auch deshalb, weil er von Anfang an das Wagnis eines theologischen Gesprächs unternommen hat. "Um Gottes willen miteinander verbunden" – so formulierten die Dialogpartner ihr Selbstverständnis in der ersten, programmatischen Erklärung "Theologische Schwerpunkte des jüdisch-christlichen Gesprächs". Gemeinsam haben Christen mit Juden in diesem Kreis Stellungnahmen zu grundsätzlichen und aktuellen Fragen veröffentlicht und dadurch einen deutschen Beitrag zu einer "Theologie nach Auschwitz" geleistet, der international Anerkennung gefunden hat, aber – selbst in Fachkreisen – außerhalb Deutschlands zu wenig bekannt ist. Deshalb ist auch eine angloamerikanische Ausgabe dieses Bandes in Vorbereitung.

Das vorliegende Buch gliedert sich in vier Teile: erstens eine Einführung mit Geleitworten von den Kardinälen Walter Kasper und Karl Lehmann sowie einer Darstellung der Geschichte des Gesprächskreises durch dessen Leiter, Hanspeter Heinz, und zweitens die Dokumentation der Stellungnahmen zwischen 1979 und 2000. Ein besonderes Gewicht kommt in dieser Sammlung dem "Zwischenruf" zum Katechismus der Katholischen Kirche zu, da sich vier Positionspapiere aus den USA anschließen. Der dritte Teil enthält Statements von zwei jüdischen, zwei katholischen und einem evangelischen Experten aus den

USA, der Schweiz und aus Deutschland. Sie waren gebeten, aus ihrer Perspektive kritisch zu beurteilen, welche Bedeutung sie den Erklärungen des Gesprächskreises für den jüdisch-christlichen Dialog beimessen. So erfolgt diese Einladung zum Dialog auf dialogische Weise.

Im vierten Teil finden sich Angaben zu Publikationen und Mitgliedern des Gesprächskreises sowie den Autoren des vorliegenden Bandes.

Die Veröffentlichungen des Gesprächskreises erfolgten manchmal in Gedenkjahren - 1979 vierzig Jahre nach dem Ausbruch des Zweiten Weltkrieges und 1988 fünfzig Jahre nach der Schändung und Zerstörung der Synagogen in Deutschland. Mehrfach wurden Verlautbarungen des Vatikans kritisch begleitet, etwa zur Mitverantwortung der katholischen Kirche am Massenmord an den europäischen Juden oder zur Seligsprechung von Papst Pius IX., der eine judenfeindliche Politik in seinem Machtbereich, dem Kirchenstaat, betrieben hatte. Ein von äußeren Anstößen unabhängige Initiative war die mehrfach überarbeitete Wegleitung zu Reisen ins Heilige Land mit der Einladung, dort auch das lebendige Judentum, und nicht nur die Stätten christlicher Vergangenheit wahrzunehmen. Ähnliches gilt für die ebenfalls recht umfangreiche Broschüre "Auschwitz – Geschichte und Gedenken", die 2002 im Katholischen Bibelwerk e.V. Stuttgart erschien und als einzige Publikation hier nicht eigens dokumentiert ist.

Die Arbeit des Gesprächskreises erfolgte vor dem Hintergrund einer zunehmenden Polarisierung des jüdischen Lebens und einer für die kleine jüdische Gemeinschaft in Deutschland außerordentlich starken Zuwanderung aus den Nachfolgestaaten der GUS seit 1989. Drei Viertel der etwa hunderttausend Gemeindemitglieder stammen heute aus diesem Gebiet und sind von siebzig Jahren atheistischer Herrschaft geprägt. Wie sich diese Zuwanderung auf den Dialog zwischen katholischer Kirche und jüdischer Gemeinschaft in Deutschland auswirken wird, ist noch nicht abzusehen.

Heidelberg, im August 2003

im Namen der Herausgeber
Uri Kaufmann

Geleitwort

Das 20. Jahrhundert war Zeuge der schlimmsten Verfolgung, der das jüdische Volk in seiner langen Geschichte ausgesetzt war, einer Verfolgung, welche auf die Auslöschung seiner Existenz zielte; das 20. Jahrhundert war aber ebenfalls Zeuge eines tiefgreifenden geschichtlichen Wandels im Verhältnis von Juden und Christen. Die Erklärung des Zweiten. Vatikanischen Konzils *Nostra aetate* (1965) darf als Markstein und als definitiver Wendepunkt in diesem Verhältnis gelten. Die katholische Kirche bedauerte und verurteilte alle Formen des Antisemitismus und bekannte sich zu ihrer eigenen jüdischen Wurzel. Seither hat der Dialog und die Zusammenarbeit zwischen den beiden Glaubensgemeinschaften trotz mancher Schwierigkeiten weltweit erhebliche Fortschritte gemacht.

Es war nicht zuletzt Papst Johannes Paul II., der diesen Dialog förderte und ihm wichtige Impulse gab. Zu erinnern ist vor allem an die Begegnung mit Vertretern der jüdischen Gemeinschaft in Mainz anlässlich seines ersten Deutschlandbesuchs (1980), an den Besuch in der Großen Synagoge in Rom (1986), wo der Papst von den Juden als den älteren Brüdern im Glauben Abrahams sprach, an die Aufnahme der diplomatischen Beziehungen zwischen Israel und dem Heiligen Stuhl (1993) und an den als historisch zu bezeichnenden Besuch in Jerusalem im Jubiläumsjahr 2000.

Dem jüdisch-christlichen Dialog in Deutschland kommt aufgrund der tragischen Geschehnisse im Zusammenhang der Schoa besondere Bedeutung und besondere Verantwortung für die Post-Holocaust-Debatte zu. Dankenswerterweise hat vor allem der seit 1970 beim Zentralkomitee der deutschen Katholiken bestehende Gesprächskreis "Juden und Christen" das Gespräch auf hohem Niveau aufgegriffen und dafür wertvolle Beiträge geleistet. Er konnte eine große ältere Tradition aufnehmen, welche durch Namen wie Leo Baeck, Franz Rosenzweig, Martin Buber gekennzeichnet ist, und auf den bereits 1948 durch Gertrud Luckner begründeten "Freiburger Rundbrief" zurückgreifen. Es ist zu begrüßen, dass diese Beiträge durch die vorliegende Veröffentlichung gesammelt einem breiteren internationalen Leserkreis zugänglich werden.

Der Dialog zwischen Juden und Christen hat neben dem ökumenischen Dialog zwischen den christlichen Kirchen und dem interreligiösen Dialog mit den nichtchristlichen Religionen seine eigene Gestalt. Juden und Christen verbindet ein einmaliges Verhältnis, das sonst zu keiner anderen Religion besteht. Diese Nähe bei gleichzeitiger grundlegender Unterscheidung macht die Schwierigkeit, aber auch das Verheißungsvolle dieses Dialogs aus. Denn Juden und Christen haben ein großes gemeinsames religiöses und humanes Erbe in die gegenwärtigen und künftigen Probleme der Menschheit einzubringen. Der jüdisch-christliche Dialog gehört darum zu den Hoffnungszeichen unserer Zeit.

Rom, im Mai 2003

Walter Kardinal Kasper
Präsident der Vatikanischen Kommission für die religiösen Beziehungen zum Judentum, Rom

Geleitwort

Die schlimme Verfolgung des jüdischen Volkes durch den Nationalsozialismus im 20. Jahrhundert lastet immer noch auf Deutschland. Hier ist es mit Schulderklärungen nicht getan. Wir dürfen zwar um Vergebung bitten, aber nicht vergessen. Wir dürfen auch nicht die antijüdischen Stimmungen im Hintergrund übersehen, die in Europa schon vor Beginn des Christentums in der Antike und trotz mancher Minderungen von Gewalt leider auch im kirchlichen Christentum vorherrschten und die Untaten mit vorbereiteten.

Nach 1945 gab es, Gott sei Dank, ein vielfaches Umdenken. Viele Dokumente aus dem internationalen Raum zeugen von einer intensiven Dialogbereitschaft zwischen Christen und Juden. Die großen Kirchen in unserem Land haben die Aufarbeitung der schrecklichen Geschehnisse, soweit so etwas überhaupt möglich ist, gesteigert. Auf katholischer Seite spielt dabei der seit 1971 beim Zentralkomitee der deutschen Katholiken angesiedelte Gesprächskreis "Juden und Christen" eine herausragende Rolle. Die deutschen Bischöfe hatten zwar, wie aus einer Reihe von Dokumenten hervorgeht, die Aussöhnung mit dem jüdischen Volk stets vor Augen, sahen dieses Anliegen jedoch in dem genannten Gesprächskreis und in anderen Initiativen, wie z.B. im "Freiburger Rundbrief" und in der theologisch-wissenschaftlichen Diskussion, in guten Händen, so dass es in der Bischofskonferenz zwar eine Arbeitsgruppe, aber keine eigene Kommission für die Beziehung zu den Juden gibt. Im Blick auf den Gesprächskreis ist es auch wichtig, dass hier Juden und Christen Mitglieder sind und die Veröffentlichungen gemeinsam verantworten.

Der Gesprächskreis hat nicht nur die wichtigen Schritte nach dem Zweiten Vatikanischen Konzil nachvollzogen und besonders die Aussagen der Erklärung "Nostra aetate" unterstützt. Im Sinne des Konzils hat er für eine neue Epoche des Gesprächs auch wertvolle Grundlagenarbeit geleistet. Er hat aber auch den Mut gehabt, heikle Themen zu behandeln und seine Erkenntnisse zu veröffentlichen. Dazu gehört das Nachdenken über die Schoa im Kontext der Erklärung der "Vatikanischen Kommission für die religiösen Beziehungen zu den Juden" vom 16. März 1998. Die Diskussion über "Kloster und Kreuz in Auschwitz?" sei nicht vergessen. Der neue "Katechismus der Katholischen Kirche" reizte im Blick auf die Behandlung des Themas Juden und Judentum zu einem Zwischenruf. Schließlich stellte man sich der Frage,

Geleitwort

wie man fünfzig Jahre nach der Reichspogromnacht von 1938 von Schuld, Leid und Versöhnung reden sollte, ohne immer nur alte Schablonen, die gewiss nicht falsch sind, zu wiederholen. Aber man hat sich nicht nur kritischen Themen zugewandt, zu denen vor allem der Umgang mit Auschwitz gehört. Eine 1974, 1984 und 1998 immer wieder neu bearbeitete Broschüre "Reise ins Heilige Land" brachte viele wertvolle Informationen und Hinweise.

Eine Besonderheit dieses Dialogs ist es, wie er in den einzelnen Themenbereichen geführt und auch veröffentlicht worden ist. Nicht selten hat man, ganz unabhängig von der Mitwirkung jüdischer Experten, schon bei der Erarbeitung, nach Abschluss und bei der öffentlichen Vorstellung jüdische Stimmen und auch Stellungnahmen aus anderen Ländern, besonders aus den Vereinigten Staaten von Amerika, gesammelt. Der Dialog ist also bis zum Schluss dialogisch erarbeitet und präsentiert worden. Dies gab ihm nicht nur eine große Glaubwürdigkeit, sondern regte auch in Kirche und Gesellschaft die Beschäftigung mit den erarbeiteten Texten an. Nicht zuletzt deshalb waren der Zuspruch und die Aufnahme der Texte sehr positiv.

Ich möchte sehr begrüßen, dass dieses Experiment nun in größerem Zusammenhang nochmals in einer eigenen Veröffentlichung dargestellt und auch diesmal wieder durch grundlegende Statements von Juden und Christen ergänzt wird, die die Ergebnisse von außen kritisch beleuchten und die Weiterarbeit an diesen zentralen Themen inspirieren. Eine deutsche und eine anglo-amerikanische Ausgabe ist dafür eine wichtige Hilfe. Ich danke nicht nur dem Gesprächskreis "Juden und Christen" beim Zentralkomitee der deutschen Katholiken, sondern auch den Initiatoren dieser Veröffentlichung und allen Gesprächsteilnehmern in den Einzeltexten und in der Gesamtveröffentlichung für ihre wertvolle Mitwirkung. Vor allem wünsche ich dem Buch überall eine freundliche und fruchtbare Aufnahme. Dazu erbitte ich Gottes Segen.

Mainz, im Juli 2003

Karl Kardinal Lehmann
Vorsitzender der Deutschen Bischofskonferenz

Hanspeter Heinz

Vorstellung des Gesprächskreises "Juden und Christen"

Schon über dreißig Jahre gibt es beim Zentralkomitee der deutschen Katholiken (ZdK) einen Gesprächskreis "Juden und Christen", dem zur Zeit 10 jüdische und 16 katholische Mitglieder angehören. Seit 1979 hat er mehrere theologische Veröffentlichungen verfasst, die in Fachkreisen international anerkannt und in Deutschland einer größeren Öffentlichkeit bekannt sind.

Bevor ich die Phasen und Ergebnisse unseres Dialogs darstelle, will ich das ZdK und seinen Gesprächskreis kurz vorstellen. Im ZdK arbeiten seit 150 Jahren die katholischen Laienorganisationen, die insgesamt fünf Millionen Mitglieder zählen, auf Nationalebene zusammen. Durch Stellungnahmen zu grundsätzlichen und aktuellen kirchlichen und gesellschaftlichen Aufgaben beteiligen sie sich an der öffentlichen Meinungsbildung. Die größte Veranstaltung ist der "Katholikentag", an dem alle zwei Jahre eine Woche lang etwa 100.000 Menschen, vor allem die junge Generation, aus dem ganzen Land zu Gottesdiensten, Vorträgen, Arbeitskreisen und Kundgebungen zusammenkommen. Erstmals gab es auf dem Trierer Katholikentag 1970 einen Arbeitskreis "Die Gemeinden und die jüdischen Mitbürger". Dort wurde eine Resolution an das ZdK verabschiedet, einen ständigen Ausschuss zu gründen, der in Zukunft für jeden Katholikentag einen jüdisch-christlichen Programmbeitrag vorbereiten sollte. Viele Tausende Katholiken und Nichtkatholiken begegnen auf den Katholikentagen zum ersten Mal in ihrem Leben Juden, ihrer Kultur und ihrem Lebenszeugnis. Dasselbe gilt für die evangelische Parallelveranstaltung, die Kirchentage.

Als auf dem ersten ökumenischen Kirchentag in Deutschland, dem "Augsburger Pfingsttreffen 1971", Professor Klaus Hemmerle, damals geistlicher Direktor des ZdK, später Bischof von Aachen, im Auftrag des Präsidiums nach jüdischen Partnern und Partnerinnen für den Gesprächskreis sondierte, zündete der Funke. Als wir - ich war soeben zum Assistenten des geistlichen Direktors ernannt - in Augsburg Professor Ernst Ludwig Ehrlich aus Basel kontaktierten, liefen wir zum gegenseitigen Erstaunen offene Türen ein. Er war nämlich mit der gleichen Idee nach Augsburg gereist. Noch im selben Jahr wurde der Gesprächskreis "Juden und Christen" vom Präsidium ins Leben gerufen. Seit 1974 fiel mir die Leitung des Kreises zu. Es lag in der Eigendynamik der Sache, dass die ursprüngliche Zielsetzung der Mitgestaltung von Katholikentagen, der bis heute zielstrebig beibehalten wird, nach und nach erweitert wurde und der Kreis viele andere Aufgaben wahrgenommen hat:

- die richtige Darstellung von Juden und Judentum in Verkündigung, Unterricht und Bildung; ein Projekt war die Revision von Bibelausgaben, Religions- und Geschichtsbüchern für den Schulunterricht;

- die Vertiefung von Beziehungen zwischen der Kirche mit dem jüdischen Volk; dem dienten unsere Reisen nach Israel und New York, Ungarn, Polen und Paris;

- philosophisch-theologische Grundlagenreflexion; dazu veranstalteten wir Klausurtagungen und Kongresse; etliche Veröffentlichungen wurden ins Englische, Französische, Polnische und Ungarische übersetzt;

- Erarbeitung von Stellungnahmen zu aktuellen Fragen für den Präsidenten des Zentralkomitees, zum Beispiel zur Anerkennung des Staates Israel durch den Vatikan oder zur Pilgerreise Johannes Pauls II. im Heiligen Jahr 2000 nach Jerusalem.

Als theologisches Forum von Juden und Christen, Jüdinnen und Christinnen ist der Gesprächskreis des ZdK einzig in seiner Art. Denn die christlich-jüdischen Gesellschaften, die in den meisten Städten Deutschlands sehr aktiv sind, betreiben Erwachsenenbildung und Öffentlichkeitsarbeit, erarbeiten aber keine theologischen Erklärungen. Die Arbeitsgruppe "Fragen des Judentums" in der Ökumenekommission der Deutschen Bischofskonferenz verfasst theologische und pastorale Stellungnahmen zum christlich-jüdischen Verhältnis, aber ihm gehören keine jüdischen Expertinnen und Experten an. Die theologischen Fakultäten der staatlichen Universitäten und kirchlichen Hochschulen sind konfessionell strukturiert: entweder katholisch oder evangelisch bzw. jüdisch. Zwischen christlichen und jüdischen Gemeinden - nach dem Zuzug von 130.000 Juden aus der ehemaligen Sowjetunion seit 1990 gibt es in Deutschland etwa 95.000 in jüdischen Gemeinden registrierte Juden[1] - finden viele Begegnungen, aber kein religiöser Dialog statt. Der Zentralrat der Juden tritt für politische, kulturelle und andere öffentliche Belange der jüdischen Bevölkerung ein, widmet sich aber nicht den religiösen Fragen. Im Unterschied zu allen anderen Initiativen versteht sich der Gesprächskreis weder als politische Lobby für jüdische Belange noch als Träger von Bildungsveranstaltungen. Als Organ theologischen Dialogs auf Nationalebene ist er das einzige jüdisch-christliche Gremium dieser Art in Europa.

Ohne Zweifel markiert die Konzilserklärung "Nostra aetate" Nr. 4 eine geschichtliche Wende, die trotz mancher Rückschläge nicht mehr umzukehren ist. Die fast 2000jährige Geschichte der Fremdheit und Feindschaft gegenüber den Juden wurde von der katholischen Kirche offiziell beendet. Die Bilanz öffentlicher Erklärungen und repräsentativer Begegnungen zwischen Juden und Christen ist ermutigend. Doch genauso wichtig ist der innere Prozess, den Einzelne und Gruppen erleben, wenn sie sich wie unser Gesprächskreis auf die vom Konzil geforderte christlich-jüdische Partnerschaft einlassen. Recht schematisch, weil die Phasen einander überlappen, lässt sich unser Arbeitsprozess in sechs Etappen gliedern.

1. Nie wieder Auschwitz!

In den ersten Jahren war das Interesse der jüdischen Partner und Partnerinnen gegenüber uns Katholiken bestimmend, gegen Missverständnisse und Unkenntnis des Judentums wirksam vorzugehen. Die Gefahr eines "neuen Auschwitz" schien nicht gebannt. Die Anfangsphase gestaltete sich oft wie ein theologisches Examen über die Nummer 4 der

---

[1] Eine kleine Zahl gegenüber 24 Millionen Katholiken. Die russischen Juden lebten in einer Gesellschaft, die religiöse Praxis ablehnte oder bestrafte. Sie emigrierten daher entweder nach Israel, USA oder Deutschland, wobei die Motive sehr unterschiedlich sind. Nach Deutschland kamen vornehmlich diejenigen, die den Antisemitismus fürchteten, ohne sonderlich an jüdischen Belangen interessiert zu sein; vgl. Volker Resing, Heimisch-Werden. Jüdisches Leben in Deutschland heute; in: Herder Korrespondenz 57 (2003) 172-177.

Konzilserklärung "Nostra Aetate". Nicht dass man den Mitgliedern des Kreises Judenfeindschaft zugetraut hätte. Die "Prüfung" bezog sich vielmehr auf ungewollte und unauffällige Formen des Antijudaismus. So wurde beispielsweise gefragt: Was denkt ihr über die Pharisäer zur Zeit Jesu, sind sie Heuchler? Was sagt ihr zum Vorwurf des Gottesmordes? Haltet ihr das Alte Testament für veraltet? Beansprucht ihr als Christen eine höhere Ethik, eine entwickeltere Humanität, eine bessere Glaubensweise verglichen mit der unsrigen? Was denkt ihr über die Unterscheidung: der Gott der Gerechtigkeit als Gott der Juden, der Gott der Liebe als Gott der Christen? Obwohl die katholischen Mitglieder unseres Kreises den Umbruch des Konzils interessiert und engagiert mitverfolgt hatten, mussten wir feststellen: Solche Fragen brachten uns oft in Verlegenheit, die Konsequenzen von Nostra Aetate waren uns nur anfanghaft aufgegangen. In diesem heilsamen Lernprozess machten wir Christen die frappierende Entdeckung, dass wir unsere christliche Identität weithin auf Kosten der Juden bestimmten, indem wir ihnen insgeheim eine theologische und ethische Minderwertigkeit attestierten. Weil Juden uns ihr Selbstverständnis darlegten, mussten wir Christen unser mitgebrachtes Verständnis vom Judentum in vieler Hinsicht korrigieren und ergänzen, in der Folge auch unser Selbstverständnis modifizieren. Die Informationsphase verlangte gründliches Umdenken.

Damit sich unsere Einsichten über das Judentum durch Akademietagungen, Katholikentage, einen veränderten Religions- und Geschichtsunterricht im christlichen Milieu ausbreiten, regte der Kreis an der Universität Freiburg i. Br. unter Führung des Religionspädagogen Günter Biemer und des Exegeten Peter Fiedler ein Forschungsprojekt an, um katholischen Religionslehrern und -lehrerinnen sachgemäße Hinweise für die Gestaltung des Religionsunterrichts zu geben. Das Ergebnis ist das vierbändige Handbuch "Lernprozess Christen Juden".

Eine weitere Konsequenz aus der Notwendigkeit einer authentischen Information über das Judentum waren zwei Studienreisen des Präsidiums des Zentralkomitees mit Mitgliedern des Gesprächskreises nach Israel (1975 und 1981). Dort konnten wir Vielfalt und Lebendigkeit des Judentums, aber auch die ungeheuren Schwierigkeiten kennen lernen, nach fast 2000jähriger Diasporaexistenz in einem eigenen Staat jüdische

Kultur und demokratische Politik zu gestalten, und das unter dem Anspruch, sowohl die Treue zur eigenen Tradition zu wahren als auch dem Lebensrecht nichtjüdischer Bürger Rechnung zu tragen. Eine Frucht dieser Reisen war die Handreichung "Reise ins Heilige Land", deren zentrales Anliegen der Aufweis war, warum dieses Land Juden, Christen und Muslimen auf je ihre Weise heilig ist. Weitere Reisen folgten 1986 nach New York, wo die größte jüdische Diaspora existiert, und 1991 nach Ungarn, wo noch ca. 100.000 Juden leben und der christlich-jüdische Dialog gerade erst beginnt. Die Polenfahrt im Jahr 1993 öffnete uns die Augen dafür, dass die christlich-jüdische nicht ohne die deutsch-polnische Versöhnung gelingen kann. Die jüngste Begegnung fand 1999 in Paris statt, das Land mit der größten Judenheit (600.000 Juden) in Europa. Die Fahrten haben eine Vielfalt bleibender Kontakte begründet.

2. Dialog verlangt Zeitgenossenschaft

Nach einigen Jahren der Zusammenarbeit war es keine Frage mehr, dass die katholischen Partner den radikalen Einschnitt in den christlich-jüdischen Beziehungen, den das Zweite Vatikanische Konzil markiert, mitvollzogen hatten. Wir Christen erkannten an, dass das Christentum im Judentum, und zwar nicht nur im Judentum von einst, bleibend verwurzelt sein muss, will es nicht an sich selbst sterben. Nach Paulus (Röm 9-11) trägt die Wurzel den Baum, trägt Israel die Kirche. Was aber - so die christliche Gegenfrage - bedeuten die Christen und ihr Glaube für Juden und deren Existenz? Trotz der Asymmetrie des Verhältnisses, weil Juden auch ohne Rückbezug auf die Christen Juden sein können, würde die Antwort: "Nichts. Euer Glaube geht uns nichts an!" einen wirklichen Dialog, eine wahre Zeitgenossenschaft im Keim ersticken.

Die Prüfung dieser Problematik brachte beide Partner in Verlegenheit. So ging zum Beispiel uns Katholiken auf: Dieselben Vorbehalte und Vorwürfe, die wir seit der Reformation bis zum Beginn des ökumenischen Dialogs von Protestanten hörten und gegen die wir uns wehrten, erheben wir gegen die Juden. In der Epoche der Apologetik betrachteten die Protestanten uns Katholiken als anschauliches Denkmal jener unseligen Vergangenheit, in der Rom Gnade und Glaube durch Werkgerechtigkeit und Gesetzesfrömmigkeit niederhielt, bis sie durch Martin Luther und die anderen Reformatoren zur Freiheit der Kinder Gottes befreit wurden. Setzten wir Katholiken uns nicht genauso apologetisch und mit demselben Argumentationsmuster von den Juden ab?

Den jüdischen Partnern kam die Einsicht, dass auch sie echte Zeitgenossenschaft blockieren, solange sie sich mit der Aussage begnügen, dass sie ohne Jesus von Nazaret und ohne christliche Kirche ihre jüdische Identität voll entfalten können. Müssen wir - so ihr Zweifel - nicht darüber hinaus zur Kenntnis nehmen, dass der Gott Israels auch im Christentum am Werk ist und dass der christliche Anspruch der Abrahamskindschaft nicht als Anmaßung abgetan werden kann?

Solche Verlegenheiten provozierten in uns den Entschluss, uns nicht nur aus politischen Gründen, sondern auch und zuerst "um Gottes willen" einander zuzuwenden und uns gemeinsam von Gott für seine Herrschaft in dieser Welt in Dienst nehmen zu lassen. Das Ergebnis unserer Reflexion veröffentlichten wir 1979 in dem Arbeitspapier "Theologische Schwerpunkte des jüdisch-christlichen Gesprächs", das als eine der besten Aussagen zum Verhältnis von Judentum und Christentum gewürdigt wurde.

3. Das Ärgernis der Judenmission

Zwei Jahre später forderte uns ein jüdisches Mitglied des Gesprächskreises, Frau Dr. Edna Brocke, mit der Frage heraus: "So gut wir uns auch verstehen, ich werde das Gefühl nicht los: Ihr sagt uns nicht alles, ihr habt noch einen Joker in der Tasche. Ich möchte wissen: Was hofft ihr im letzten für uns? Worum betet ihr zu Gott, wenn ihr an uns denkt? Müssen wir - zumindest am Ende der Geschichte - doch daran glauben, dass Jesus der Messias ist?" Im Mittelalter wurde den Juden bekanntlich das Kreuz vorgehalten; wenn sie nicht daran glaubten, das heißt, sich der Zwangsbekehrung widersetzten, mussten sie halt daran glauben, das heißt, mit ihrem Leben bezahlen. Das prekäre Thema Judenmission, die in Deutschland von keiner katholischen Gruppe mehr befürwortet wird, war Gegenstand einer Klausurtagung in Walberberg bei Bonn, deren Referate unter dem Titel "Zeugnis und Rechenschaft" veröffentlicht sind.

In diesem kontroversen Meinungsaustausch räumten unsere jüdischen Partner ein, dass die oft zitierte Formel Franz Rosenzweigs: "Ob Jesus der Messias war, wird sich zeigen, wenn der Messias kommt" das christlich-jüdische Religionsgespräch zugleich entlastet und belastet. Jedenfalls könne man, darin kamen wir überein, diese zweideutige Formel nicht in dem Sinne gebrauchen, als dürften Juden und Christen das Gespräch über die Hoffnung auf das Reich Gottes, die sie eint, und über die Frage nach dem Messias, die sie trennt, bis zum "Jüngsten Tag" zurückstellen. Die Dialogpartner haben ein Recht darauf, das Glaubenszeugnis des anderen zu hören und vor Gott zu bedenken, auch wenn sie ihm nicht zustimmen können. Sie haben umgekehrt die Pflicht, dem anderen Rechenschaft über die eigene Hoffnung zu geben, ohne das absichtslose Zeugnis mit fragwürdigen Bekehrungsversuchen zu verwechseln.

Die christlichen Partner räumten ein, dass die geläufige Formel: "Wir kennen den Messias schon, ihr nicht" ebenfalls das Religionsgespräch belastet. Denn hier steht nicht Wissen gegen Unwissen, sondern Glaube gegen Glaube. Unsere Aufgabe lautet, so sahen wir ein, einander Zeugnis und Rechenschaft von unserer Hoffnung zu geben und es im übrigen getrost Gott zu überlassen, wie er den Widerstreit bzw. Wettstreit zwischen jüdischem und christlichem Glauben löst. Wohlgemeinte Vorschläge an Gott, wie eine Vereinigung von Israel und Kirche aussehen solle, schienen uns eher störend als hilfreich. Wie immer ein utopisches Modell auch ausfallen mag, müsste es für die jüdische Minderheit, selbst wenn die Einheit "unter jüdischer Flagge" zustande käme, nicht ein Alptraum sein? Denn es gibt nicht nur den Tod durch Vernichtung, sondern auch einen Tod durch Umarmung, wenn der kleinere Partner in den Armen des größeren verschwindet.

4. Der Dekalog als Fundament einer Menschheitsethik

Wenn der Gesprächskreis im weiteren Verlauf das Hauptgewicht der Arbeit auf die Begründung des Ethischen verlegte, bedeutete das nicht ein Ausweichen auf ein Gebiet geringeren Widerstandes oder ein Haschen nach Aktualität. Vielmehr heißt Glaube für Juden und Christen, dass Gott und sein geschichtliches Handeln zur alles bestimmenden Kraft des Lebens wird, die sich zugleich im Dienst für Gott und seine Schöpfung bewähren muss. Zunächst wurde die Frage nach dem christlich-jüdischen Beitrag für ein sinnerfülltes Leben und das Überleben der Menschheit in unserer prekären Weltsituation mit jüdischen Wissenschaftlern in einem zweitägigen Seminar am Van-Leer-Institut in Jerusalem während unserer zweiten Israelreise 1981 erörtert, sodann vertieft in einem internationalen Expertengespräch in Simpelveld/Holland im Jahre 1983. Die Tagung von Simpelveld, an der auch Emanuel Levinas, Michael Wyschogrod und Emil Fackenheim teilnahmen, wurde unter dem Titel "Damit die Erde menschlich bleibt" dokumentiert.

Das Erregende der Themenstellung lag in der Einsicht, dass in den großen Menschheitsfragen um Gerechtigkeit, Frieden und Bewahrung der Schöpfung das entscheidende Hindernis nicht in der Verknappung der Güter und der unzulänglichen Entwicklung wissenschaftlich-technischer Methoden liegt, sondern dass der Mensch selbst, sein Mangel an Menschlichkeit, das Haupthindernis darstellt. Die Größe des Menschen, der nach dem Bild Gottes geschaffen ist, und die abgründigen Möglichkeiten des Bösen, zu dem Menschen fähig sind, wie unüberbietbar die Schoa in unserem Jahrhundert und in unserem Kulturraum demonstriert hat, lassen sich nicht gegeneinander aufrechnen. Allein vom biblischen Glauben an den Gott der Geschichte und von der Verpflichtung auf die Zehn Gebote lässt sich unserer Überzeugung eine "Menschheitsethik" begründen. Deshalb müssen sich vor allem die biblischen Religionen zur Ausbreitung dieser Überzeugung durch Dialog und Zusammenarbeit mit allen Menschen guten Willens verpflichtet wissen.

5. Auschwitz, auch ein christliches Problem

Die heikelste Auseinandersetzung erlebte der Gesprächskreis im Bedenken von Schuld, Leid und Versöhnung. Das Thema wurde dem Kreis gleichsam aufgezwungen. Die öffentliche Diskussion um die Versöhnungsgeste von Präsident Reagan und Bundeskanzler Kohl 1985 auf dem Soldatenfriedhof von Bitburg zog auch uns vehement in Mitleidenschaft. Das gemeinsame Wir von Juden und Christen schien auch für unseren Kreis in Frage gestellt. Hier ging es um mehr als um religiöse Identität und gesellschaftliches Engagement, hier stand die Existenz auf dem Spiel, das Leiden und Sterben von Millionen, die Verantwortung gegenüber den Toten. Aus Mitverantwortung für die öffentliche Debatte, die fünfzig Jahre nach der Reichspogromnacht bald aufs Neue ins Haus stand, musste sich der Gesprächskreis der Aufgabe stellen. Das fast einmütige Ergebnis war die Erklärung "Nach 50 Jahren - wie reden von Schuld, Leid und Versöhnung?", von der 30.000 Exemplare in der deutschen Fassung bestellt wurden.

Auch für Außenstehende lässt sich unschwer erahnen, warum die Frage der Schoa und ihr makabres Vorspiel, die Reichspogromnacht, zu einer Zerreißprobe für den Gesprächskreis wurde. Vergessen kann keine Antwort sein: Würden wir die Ermordeten vergessen, würden wir ihren Tod nochmals besiegeln, ihn für folgenlos erklären; das Wort vom "Schlussstrich" ist ein böses Wort. Sollen wir vergeben? Auch das kann kein Weg sein, weil allein die Opfer, die nicht mehr sind, vergeben könnten. Versöhnung, einander trotz allem die Hand reichen, ist das vielleicht ein Weg? Aber um welchen Preis darf Versöhnung geschehen, soll sie nicht Verrat an den Toten sein?

Wie nie zuvor verlangte die Asymmetrie unseres Verhältnisses delikate Differenzierungen, um nicht andere zu vereinnahmen. Gewiss, die Schoa geht alle an, freilich auf verschiedene Weise: anders die Täter als die Opfer, anders die Handelnden als die Untätigen, anders die Zeitgenossen als die Nachgeborenen. Um es an zwei Beispielen zu illustrieren: Viele Juden haben den Glauben an die Menschen, sogar den Glauben an Gott in der Hölle von Auschwitz verloren, ihre Angehörigen und Nachfahren ebenso. Aber deshalb ist Auschwitz keineswegs nur ein "jüdisches Problem", darauf legten unsere Partner den Finger: "Auch ihr Christen müsst euch mit Auschwitz auseinandersetzen. Haben nicht die Täter ihre eigene Menschenwürde verspielt, und sind sie nicht auf diese Weise selber Opfer ihrer Untat?" Dieses Faktum geht auch die Nachgeborenen an; denn es lässt sich nicht leugnen: "Die Meinen haben das getan" (Klaus Hemmerle). Das andere Beispiel: Wer sind wir - so fragten Historiker in unserem Kreis -, dass wir Heutigen über unsere

Vorfahren zu Gericht sitzen? Was spricht dafür, dass wir uns besser verhalten hätten? Aber obwohl historische Gerechtigkeit verlangt, alle Gründe für das Mittun oder Nichtstun zu bedenken, darf doch die Aufzählung aller Entlastungsgründe nicht zu der Schlussfolgerung führen: "Dann war halt nichts zu machen." Mit dieser Konsequenz kann man unmöglich leben!

Was Versöhnung bedeutet, wie Versöhnung gelingen kann, dazu hat uns wesentlich der Vergleich einer jüdischen Bußordnung aus dem Mittelalter (Maimonides, Hilchot T'schuwa) mit der gegenwärtigen Bußordnung der katholischen Kirche geholfen. Der Vergleich legte offen, dass wir als Juden und Christen, Jüdinnen und Christinnen offenbar beim selben Gott in die Schule gegangen sind, von ihm auf denselben Weg der Umkehr, Buße und Versöhnung eingewiesen wurden. Aber noch mehr als solche Zeugnisse unserer Traditionen half uns das persönliche Zeugnis in unserem Kreis und von Freunden. Ich will das "Wunder der Versöhnung" an einer für unsere Arbeit bedeutsamen Episode veranschaulichen.

Während unserer USA-Reise 1986 führte uns der jüdische Theologe Michael Wyschogrod durch den jüdischen Stadtteil von New York "Lower East Side". Mit uns betrat er einen Buchbinderladen. Noch bevor er uns vorstellen konnte, schrie der alte Inhaber hinter der Theke auf: "Raus, Nazis, Mörder!" Jeder Versuch einer Annäherung war vergebens. Eine halbe Stunde später standen wir schmunzelnd ob der jiddischen Sprachform um den alten Rabbi Singer, der uns durch ein Sakralbad führte. Als wir uns hernach bewegt über seine Weisheit und Menschlichkeit äußerten, meinte unser Freund: "Ich wollte euch einmal einen Heiligen zeigen". Wieder eine halbe Stunde später beim Mittagstisch fragten wir ihn angesichts dieses Kontrasterlebnisses: "Wie stellen Sie sich Versöhnung vor?" Er darauf: "Ich will persönlich auf diese persönliche Frage antworten. Als ich in ihre Runde um Rabbi Singer blickte, standen mir, als wäre es gestern gewesen, wieder die grinsenden Gesichter der deutschen Soldaten vor Augen, die damals in Warschau einen kleinen, wehrlosen Rabbiner umringten und ihren Mutwillen mit ihm trieben. Ich weiß, ich tue Ihnen bitteres Unrecht mit diesem Vergleich. Aber solange ich diese Assoziation nicht loswerden kann, bin ich noch nicht versöhnt." Unsere Frage: "Was sollen wir denn tun?" Seine Antwort: "Machen Sie weiter so! Und lassen Sie mir bitte Zeit!" Übrigens suchte Wyschogrod kurz darauf eine Gelegenheit, mit dem Buchbinder ein klärendes Gespräch zu führen. Unser Fazit damals in New York: Dürfen wir uns angesichts dieser Ungleichzeitigkeit von "unversöhnt - auf dem Weg der Versöhnung - versöhnt" ein Urteil über die moralische Qualität der Beteiligten anmaßen oder gar christliches Verzeihen gegen jüdische Unversöhnlichkeit ausspielen? Gilt es nicht vielmehr, die Ungleichzeitigkeit der Zeitgenossen auszuhalten und jedem die Zeit einzuräumen, die er zum gemeinsamen Ziel der Aussöhnung braucht? Können wir nicht schon jetzt, während wir noch auf dem Weg zueinander sind, miteinander Zeugen und Anwälte für die Versöhnung in unserer zerstrittenen Welt sein?

Die Vorstellung unserer Erklärung "Nach 50 Jahren" und die anschließende Ansprache während der Frühjahrsvollversammlung des ZdK 1988, bei der auch zwei jüdische Mitglieder des Gesprächskreises, Marcel Marcus und Ernst Ludwig Ehrlich, das Wort ergriffen, wurde zu einem herausragenden Ereignis in der langen Geschichte dieses obersten Laiengremiums in Deutschland.

Wenige Monate später mussten wir uns wieder mit der Schoa befassen. Zur Versachlichung der öffentlichen Diskussion in der Bundesrepublik meldeten wir uns 1990 mit der Erklärung "Kloster und Kreuz in Auschwitz?" zu Wort. "Wo liegt der Stein des Anstoßes", fragten wir Katholiken unsere jüdischen Partner im Gesprächskreis, "wenn Schwestern in Auschwitz für alle Toten von Auschwitz beten und für die Mörder Sühne leisten?" Nur langsam klärte sich - selbst für die jüdischen Mitglieder unseres Kreises - der eigentliche Grund ihrer Ablehnung: "Lasst doch die Leere dieses Ortes unbegreiflichen Grauens und unfassbarer Sinnlosigkeit in seiner Nacktheit für sich sprechen, ohne sie durch ein Symbol, erst recht durch ein für uns so belastendes Zeichen wie das Kreuz öffentlich zu deuten! Wenn jemand diesen Ort betritt und in diesem Augenblick dort beten kann, mag er es tun. Für uns ist solches Beten-Können jedes Mal ein unfassliches Wunder - anders ein Kloster, eine ständige Einrichtung, in der man scheinbar selbstverständlich auf Dauer wohnen und beten kann." Diese Antwort hat uns Christen nachdenklich gemacht - nicht nur aus Rücksichtnahme auf die Gefühle der jüdischen Brüder und Schwestern, sondern auch als Rückfrage an uns: Wäre es manchmal nicht mehr Glaube, abgründige Fragen auszuhalten, statt sie mit der "christlichen Antwort" zu bedenken? Übrigens hat uns die Polenreise 1993 erneut in Verlegenheit gebracht, als wir mit der polnischen Sicht auf Auschwitz konfrontiert wurden.

6. Selbstkritische Aufarbeitung der Geschichte

"Mehr als die Theologie trennt Christen und Juden die lange Geschichte der Entfremdung und Feindschaft der Kirche gegenüber den Juden." Um diese These, die Ernst Ludwig Ehrlich seit Jahren in unserem Kreis vertritt, kreisten im letzten Jahrzehnt immer aufs Neue Diskussionen und Stellungnahmen unserer Gruppe. Im Diskussionspapier von 1996 "Juden und Judentum im neuen Katechismus der Katholischen Kirche - Ein Zwischenruf" bedauern wir vor allem die Geschichtsvergessenheit des Weltkatechismus, weil bei den meisten zentralen christlichen Glaubensthemen "das Jüdische im Christentum" nicht vorkommt; in vielen Passagen erscheint uns der Text nicht als ein antijüdisches, sondern als ein ajüdisches Dokument. Vier Statements US-amerikanischer Dialogpartner zu unserem Diskussionspapier belegen, dass die gleiche Diskussion mit ähnlichen Argumenten auch dort geführt wurde. Die vatikanische Erklärung über die Schoa von 1998 veranlasste uns zu der Stellungnahme "Nachdenken über die Schoa. Mitschuld und Verantwortung der katholischen Kirche". Darin beklagen wir, dass nach jahrelanger Arbeit nur ein halbherziges, apologetisches Schuldbekenntnis der Kirche zustande kam. Zwei Monate vor der Seligsprechung Pius' IX. im September 2000 veröffentlichte der Gesprächskreis eine Stellungnahme mit dem Urteil: "Eine Seligsprechung von Pius IX. würde das Verhältnis zwischen Juden und Katholiken in einer unerträglichen Weise belasten und insbesondere alles in Frage stellen, was die Kirche in den letzten Jahrzehnten an Positivem erreicht hat. Hier steht die Glaubwürdigkeit des Papstes und seiner Kirche auf dem Spiel." Trotz solch kritischer Äußerungen, die stets mit einer positiven Würdigung verbunden waren, teilt der Gesprächskreis mit dem Präsidenten des ZdK die Über-

Vorstellung des Gesprächskreises "Juden und Christen"

zeugung, dass sich die Beziehungen zwischen Juden und Katholiken seit dem Zweiten Vatikanischen Konzil stets zum Guten entwickelt haben.

Man könnte meinen, in den letzten Jahren hätte der Gesprächskreis nur auf weltkirchliche Ereignisse und Verlautbarungen reagiert. Das trifft nicht zu. Mit zwei Projekten haben wir zu prekären Problemen der Erinnerung und des Gedenkens einen wichtigen Beitrag geleistet. 1998 haben wir in einer gründlich überarbeiteten Fassung die Broschüre "Reise ins Heilige Land" veröffentlicht und 2002 die Broschüre "Auschwitz - Geschichte und Gedenken". Beide Hefte für katholische Pilger nach Israel bzw. für deutschsprachige Besucher von Auschwitz wollen in Text und Bild nicht nur die aufregende Vergangenheit und Gegenwart dieser Orte erschließen, sondern auch mit Argumenten und Zeugnissen zum Aufbau einer friedlichen Zukunft einladen. In beiden Fällen hatten wir in unserem Kreis ständig mit der Schwierigkeit zu ringen, dass jeder Name, jede Zahl und jedes Faktum Emotionen und Kontroversen auslöste: Warum das eine erwähnen und das andere auslassen? Wie der meist konträren Sicht von Juden, Christen und Muslimen, von Polen und Deutschen, von Israelis und Palästinensern gerecht werden? Wie sollen wir in der Auschwitz-Broschüre Edith Stein angemessen darstellen, die für viele Christen eine Brücke zur Schoa und zum Judentum geworden ist, aber für Juden keine Brücke zum Christentum sein kann? Als gemeinsame Veröffentlichung von Juden und Christen sind beide Publikationen einzigartig, bei der Auschwitz-Broschüre wurden per Korrespondenz auch polnische Partner konsultiert.

Das jüngste Projekt, das wir im März 2003 gestartet haben, ist die Auseinandersetzung mit "Dabru emet. Eine jüdische Stellungnahme zu Christen und Christentum", die vor am 11. September 2000 in den USA erschien. In einer dreitägigen Klausurtagung mit Gästen auch aus dem evangelischen und jüdischen Bereich (unter ihnen Michael Signer, einer der Autoren von Dabru emet) haben wir diese neue Agenda für den jüdisch-christlichen Dialog diskutiert. Außer der Publikation der Tagung haben wir uns vorgenommen, im nächsten Jahr eine eigene Position zu den acht Themen von Dabru emet zu erarbeiten.

Vorstellung des Gesprächskreises "Juden und Christen"

Wenn dieser knappe Überblick über unsere Arbeit vermuten lässt, ein Thema habe sich folgerichtig aus dem anderen ergeben, trügt dieser Eindruck. Nur die ersten beiden Phasen mit dem Interesse "Nie wieder Auschwitz!" und "Zeitgenossenschaft der Dialogpartner" wären voraussehbar und planbar gewesen. Die meisten anderen Themen wurden uns von den Ereignissen geradezu aufgezwungen. Der Gesprächskreis ist eben keine systematisch arbeitende Forschungsstelle, sondern ein wechselnder Personenkreis von leidenschaftlich am christlich-jüdischem Verhältnis Interessierten.

Wir sind unseren US-amerikanischen Freunden Michael Signer und John Pawlikowski dankbar für ihre Beratung bei der Konzeption dieses Buches und für die Vermittlung eines Verlags, damit das Buch möglichst zur selben Zeit auch in einer anglo-amerikanischen Version erscheinen kann. Ihnen und den anderen Mitautoren danken wir für ihre Statements, die die Dokumentation des Gesprächskreises zu einer internationalen und dialogischen Einladung zum christlich-jüdischen Dialog werden ließen sowie Herrn Kardinal Kasper und Herrn Kardinal Lehmann für ihr anerkennendes Geleitwort. Besondere Anerkennung schulden wir ferner Schwester Katherine Wolff/Jerusalem, die die gesamte Übersetzung betreut hat sowie den anderen Übersetzerinnen und Übersetzern: Johann Ev. Hafner, Herbert Immenkötter, Martha Matesich, Susanne Schmid, Thomas Norris, Helga Sourek und Colleen Wunsch. Schließlich danke ich meiner Sekretärin, Frau Irmgard Hemprich, und meinem Mitarbeiter am Lehrstuhl, Herrn Privatdozenten Dr. Johann Ev. Hafner, die das Projekt in allen Phasen mitgetragen haben.

Theologische Schwerpunkte des jüdisch-christlichen Gesprächs

Arbeitspapier vom 8. Mai 1979

I. Warum das Gespräch suchen?

1. Juden und Christen haben einen gemeinsamen Grund ihrer Hoffnung: den sich der Menschheit gnädig zuwendenden Gott Israels. Gemeinsam erwarten sie die volle Erfüllung ihrer Hoffnung: die endgültige Herrschaft Gottes.

   Juden und Christen sind durch das, was ihnen von Gott her widerfahren ist, und sie sind von der Welt, in der sie leben, zu einem gemeinsamen Zeugnis herausgefordert. Nicht nur ihnen, so glauben sie, sondern allen Völkern gilt der einladende Ruf, im Jerusalem des lebendigmachenden Gottes Leben, Heimat und Frieden zu finden (vgl. Jes 2,1-5; Jes 60). Indem sie sich selbst auf den Weg machen zu diesem Jerusalem als der Stätte von Gerechtigkeit und Treue (vgl. Jes 1,26), erfahren sie die Verpflichtung, allen Menschen die befreiende Kraft ihrer Bindung an Gott weiterzugeben, der Leben und Zukunft schenken kann und will (vgl. Jer 29,11). Der Ruf Gottes nimmt sie in Dienst für die Gestaltung der Welt, macht sie zu Wegbereitern von Hoffnung gerade für jene, die keine Hoffnung haben. Dieser Ruf ist zugleich Gericht, indem er sie von jeder Fixierung auf bloß innerweltliche Interessen und Ängste befreit. Dem Ruf Gottes folgend, sollen sie zu ehrlichen und mutigen Sachwaltern der Gerechtigkeit Gottes und zu Fürsprechern seiner Barmherzigkeit werden.

2. Liegt die zu allen Zeiten geltende Verpflichtung zum Gespräch darin, dass Juden und Christen im Handeln des Gottes Israels zusammengebunden sind, so verstärken die leidvollen Erfahrungen der jüngsten Geschichte den Auftrag, dieses Gespräch in unserer Zeit nach Kräften zu intensivieren und zu vertiefen.

- Die vergangenen 1900 Jahre des Verhältnisses zwischen Judentum und Christentum haben sich als Entzweiungsgeschichte vollzogen, deren geschichtliche Folgen furchtbar waren. Im Zusammenhang mit dieser Entzweiungsgeschichte muss auch das schreckliche Geschehen von Auschwitz gesehen werden, der Versuch einer völligen Ausrottung des jüdischen Volkes durch die Hitlerdiktatur.

- Im Judentum wie im Christentum, die ihre Existenz gemeinsam der Offenbarung des Gottes Israels verdanken, erwacht zunehmend ein "geistliches" Interesse aneinander. Juden und Christen bekennen sich zu der gemeinsamen Offenbarung durch eben dieses Interesse. Ihr Interesse aneinander ist deshalb selbst ein Akt der Verehrung Gottes.

- Einer Menschheit, deren Überleben in Menschlichkeit auf dem Spiel steht, haben Juden und Christen ein gemeinsames Zeugnis zu geben, das als konkretes Zeugnis konkrete Wege der Gerechtigkeit und des Heiles aufzeigen und bahnen muss.

II. Bedingungen eines Dialogs, der den Juden als Juden und den Christen als Christen betrifft

Weil Juden und Christen einen gemeinsamen Schatz biblischer Schriften als Grundlage ihres Lebens überliefern, hat das Gespräch eine Basis, deren Wert sich nicht überschätzen lässt. Es ist der Glaube an den rettenden und heiligenden Gott, von dessen Nähe zu den Vätern die Tora erzählt und dessen lebensfördernde Weisungen sie verkündet. Es ist das Hören auf den Gott der Lebenden und der Toten, dessen Herrschaft inmitten des Volkes, das nach ihm genannt wird, die Propheten ansagen. Es ist das Festhalten an dem nahen und fernen Gott, den die Beter der Psalmen rühmen und dessen Treue sie selbst da noch einklagen, wo ihnen alles genommen scheint. Es ist das Vertrauen auf den Schöpfergott, dessen Güte die Sprüche und Betrachtungen der Weisen erinnern. Von all diesem geben Juden und Christen je auf ihre Art in ihren Gottesdiensten und in ihrem Leben Zeugnis. Aber genau hier zeigt sich auch eine für das jüdisch-christliche Gespräch typische Schwierigkeit: Begründen die gleichen Schriften wirklich eine Gemeinsamkeit des Lebens? Zur Antwort auf diese Frage ist es nötig, einige fundamentale Bedingungen für den jüdisch-christlichen Dialog zu bedenken:

1. Es kann kein Zweifel daran sein, dass Juden und Christen füreinander zunächst einmal sehr viel Arbeit zu leisten haben, um zu einem besseren gegenseitigen Verstehen zu kommen. Die Bilder, die sich Juden von Christen und Christen von Juden im Laufe der Geschichte gemacht haben und noch machen, sollen überprüft und in einer Begegnung korrigiert werden, in der einer dem anderen im Rückgang auf den gemeinsamen Grund und im Lichte der gemeinsamen Hoffnung seinen eigenen Weg deutet. Gerade hier wird der eine nicht darauf warten, dass der andere zu ihm kommt, um ihn zu "studieren". Er spürt vielmehr die Verpflichtung zur Mitteilung des Eigenen. Umgekehrt wird er um der gemeinsamen Hoffnung willen eine aktive Bereitschaft zum Hören auf den anderen entwickeln. Indem sie sich einander darstellen, vertrauen und offen legen, können beide das Zeugnis ablegen, zu dem sie sich von Gott berufen wissen.

2. Ein jüdisch-christlicher Dialog gelingt nicht, wenn der Christ im Judentum von heute lediglich das Denkmal seiner eigenen Vergangenheit, der Zeit Jesu und der Apostel, sieht. Der Dialog gelingt aber auch nicht, wenn der jüdische Gesprächspartner in den jüdischen Wesenselementen christlichen Glaubens nichts anderes entdeckt als die Nachwirkungen eines vergangenen Zustandes, der zwar in den ersten Christengemeinden bestand, aber heute nicht mehr besteht. In beiden Fällen nimmt der eine Gesprächspartner noch nicht des anderen Zeitgenossenschaft ernst, sondern macht ihn zum bloßen Spiegel seiner eigenen Vergangenheit. Zeitgenossenschaft aber ist die Bedingung jedes Dialogs.

Der jüdische Gesprächspartner kann sich nicht damit zufrieden geben, im Gespräch mit Christen nur als ein fortlebendes Zeugnis für das sogenannte Alte Testament und für die Ursprungszeit der christlichen Gemeinden betrachtet zu werden. Umgekehrt kann der christliche Gesprächspartner sich nicht damit zufrieden geben, wenn der jüdische Gesprächspartner glaubt, nur er habe für den Christen etwas für dessen Glauben Wesentliches zu sagen, während das, was der Christ dem Juden zu sagen hat, für den jüdischen Glauben keine wesentliche Bedeutung habe. Aus der ökumenischen Erfahrung des innerchristlichen Gesprächs kann Zuversicht auch für den jüdisch-christlichen Dialog wachsen: Auch dort haben beide Gesprächspartner die Fähigkeit und die Bereitschaft aufzubringen gelernt, das Wort des anderen als Zeugnis zu hören, das den Hörenden in seinem Verhältnis zu Gott angeht.

3. Die Geschichte, die eine heutige Begegnung zwischen Juden und Christen erschwert, kann auch einen Weg zueinander bahnen, wenn sie - und sei es zunächst nur in Teilaspekten - als wirklich gemeinsame Geschichte, die uns aktuell betrifft, erfahren und anerkannt wird.

Wenn der Christ in einem Gebet der Osternacht die "israelitische Würde" für alle Völker erbittet, kann' er dabei nicht vergessen - er kann es höchstens zu seinem eigenen Schaden verdrängen -, dass es jenes Israel bis heute noch gibt, das bis heute Träger der israelitischen Würde geblieben ist. Die christliche Kirche, die sich "Volk Gottes" nennt, darf nicht vergessen, dass die gegenwärtige Existenz des Judentums Zeugnis dafür ablegt, dass derselbe Gott noch heute in Treue zu jener Erwählung steht, durch die er Israels Gott wurde und Israel zu seinem Volk gemacht hat. Darum versteht der Christ seine eigene Würde und Erwählung nicht angemessen, wenn er die Würde und Erwählung des Judentums von heute nicht zur Kenntnis nimmt und zu verstehen sucht. Dazu aber muss er jüdischen Glauben und jüdische Existenz aus dem Selbstzeugnis seiner jüdischen Gesprächspartner kennen lernen. Wenn der Jude sich mit Recht "Sohn Abrahams" nennt, kann er nicht vergessen - er kann es höchstens verdrängen -, dass nicht nur in ferner Vergangenheit die ersten Christen Söhne Abrahams waren, sondern dass auch heute niemand Christ sein kann, ohne sich zu Abraham als dem "Vater der Glaubenden" zu bekennen. Auch ist sich die jüdische Gemeinschaft der Zusage einer Erneuerung ihres Bundes gewiss, wie geschrieben steht: "Seht, es werden Tage kommen - Spruch des Herrn in denen ich mit dem Haus Israel und dem Haus Juda einen neuen Bund schließen werde, nicht wie der Bund war, den ich mit ihren Vätern geschlossen habe, als ich sie bei der Hand nahm, um sie aus Ägypten herauszuführen" (Jer 31,31f.). Die jüdische Gemeinschaft darf daher nicht vergessen, dass es die Gemeinschaft der Christen niemals gegeben hätte, wenn diese sich nicht vom selben Gott in seinen "Neuen Bund" berufen wüsste. Darum versteht der Jude die Weise, wie Abraham zum "Vater vieler Völker" (Gen 17) geworden ist, nicht vollständig, wenn er den Glauben des Christen von heute nicht zur Kenntnis nimmt und zu verstehen sucht. Dazu aber muss er christlichen Glauben und christliche Existenz aus dem Selbstzeugnis der Christen kennen lernen.

4. Ist die Bedeutung des Verbindenden in der Geschichte bewusst geworden und anerkannt, dann entsteht die Chance, dass beide Partner des Gesprächs sich in eine Verantwortung füreinander rufen lassen: Jeder wird für den anderen zum Zeugen derjenigen Großtaten Gottes, auf denen es beruht, dass er selbst als Jude bzw. als Christ in der Gegenwart lebt. Leben aus dem Glauben, Leben aus der Mitte der Existenz, christliches wie jüdisches Leben lebt aus dem Zeugnis. Und überall, wo das Leben einer Gemeinschaft zum Zeugnis für Gottes Heilstat wird, ist dieses Zeugnis für den anderen Glaubenden, der aus den gleichen Heilstaten Gottes lebt, kostbar, ja unersetzlich. Glaubende, die aus dem gleichen Ursprung leben, werden aneinander schuldig, wenn sie nicht füreinander dieses Zeugnis geben.

III. Zentrale Themen des Dialogs

1. Weggemeinschaft von Juden und Christen

Das gemeinsame Ziel der Heilsherrschaft Gottes lässt Juden und Christen miteinander von Glauben zu Glauben sprechen. Beide wissen sich von Gott angerufen, beide wollen der ihnen aus Gottes gnädiger Erwählung geschenkten Erkenntnis des Gotteswillens die Antwort der Liebe aus ganzem Herzen, mit ganzer Seele, aus ihrem ganzen Denken und ihrer ganzen Kraft geben. Solche Übereinstimmung ist für das gemeinsame Handeln in der Welt wichtig. Wichtig ist es aber auch, nicht nur die Tatsache von Übereinstimmung, sondern auch das Maß der

Übereinstimmung abzuwägen. Dies um so mehr, als gerade dort, wo uns zutiefst ein Konsens verbindet, auch die Wurzel des Dissenses liegt.

Für den Christen ist das Ziel der Heilsherrschaft Gottes, die Israels Bibel verheißt, vermittelt durch den Juden Jesus. Hier bereits zeigt sich die nicht nur trennende, sondern auch verbindende Funktion Jesu: Durch den Juden Jesus wirkt im Christentum die Tora weiter. Durch ihn ist sie als Gottes Verheißung und Gebot den Christen zur Verwirklichung aufgegeben. Der Jude dagegen muss nicht erst Jesus kennen lernen, um die Tora zu lieben, er bringt diese Liebe als Jude mit. Freilich kann ein Gespräch zwischen Juden und Christen erst dann ernsthaft geführt werden, wenn auch der jüdische Partner davon ausgeht, dass im Christentum etwas von Gott her geschehen ist, was ihn" um Gottes willen" angeht, auch wenn er darin keinen Weg sieht, den er selber gehen kann und muss. Christen fragen deshalb, ob die lebendige Gegenwart jüdischer Wesenselemente im christlichen Gottesdienst, in der christlichen Verkündigung, im christlichen Verständnis der Schrift und in der christlichen Theologie nicht ein Interesse des Juden an christlichem Glauben und Leben möglich macht, das über distanziertes Kenntnisnehmen hinausgeht. Umgekehrt müssen Christen den Juden zubilligen', dass deren Interesse am Christentum ein Interesse "um des Himmelreiches willen" sein kann, auch wenn es nicht dazu führt, dass Juden Christen werden. Eine Möglichkeit zum Verständnis jüdischen Interesses am Christentum hat der jüdische Religionsphilosoph Franz Rosenzweig (1886-1929) in dem Satz ausgesprochen: "Ob Jesus der Messias war, wird sich zeigen, wenn der Messias kommt". Eine solche mehrdeutige Formel bedeutet freilich nicht, Juden und Christen dürften das Gespräch über die Hoffnung, die sie eint, und über die Frage nach dem Messias, die sie trennt, "bis zum Jüngsten Tag" zurückstellen.

Im gegenseitigen Sich-Befragen kann sich also durchaus ein Stück Anerkennung der Heilsbedeutung des anderen Weges aussprechen. Juden können anerkennen, dass Jesus für die Christen zum Weg geworden ist, um Israels Gott zu finden. Sie werden aber ihre Wertschätzung des christlichen Weges davon abhängig machen, dass der Glaube der Christen, das Heil werde ihnen durch den aus den Juden kommenden Messias Gottes geschenkt, ihre Verpflichtung zum Handeln im Dienst von

Gerechtigkeit und Frieden nicht mindert, sondern einlöst. Christen verstehen Jesus als Erfüllung von Gesetz und Verheißung nur dann, wenn sie ihm "um des Himmelreiches willen" nachfolgen und dabei auf sein Wort hören: "Nicht jeder, der zu mir sagt: Herr! Herr!, wird in das Himmelreich kommen, sondern nur wer den Willen meines Vaters im Himmel erfüllt" (Mt 7,21).

Die gegenseitige Wertschätzung des je anderen Weges geht also untrennbar in eins mit erheblichen Divergenzen in der Einstellung zu Jesus, ob er der Messias Gottes sei. Dies nötigt aber weder Juden noch Christen, die fundamentale inhaltliche Klammer des einen rufenden Gotteswillens aufzulösen. Von daher ist es Juden und Christen grundsätzlich verwehrt, den anderen zur Untreue gegenüber dem an ihn ergangenen Ruf Gottes bewegen zu wollen. Dies verbietet sich nicht etwa aus taktischen Erwägungen. Auch Gründe humaner Toleranz sowie die Achtung der Religionsfreiheit sind dafür nicht allein ausschlaggebend. Der tiefste Grund liegt vielmehr darin, dass es derselbe Gott ist, von dem Juden und Christen sich berufen wissen. Christen können aus ihrem eigenen Glaubensverständnis nicht darauf verzichten, auch Juden gegenüber Jesus als den Christus zu bezeugen. Juden können aus ihrem Selbstverständnis nicht darauf verzichten, auch Christen gegenüber die Unüberholbarkeit der Tora zu betonen. Das schließt jeweils die Hoffnung ein: Durch dieses Zeugnis könne beim anderen die Treue zu dem an ihn ergangenen Ruf Gottes wachsen und das gegenseitige Verstehen vertieft werden. Hingegen soll nicht die Erwartung eingeschlossen sein: Der andere möge das Ja zu seiner Berufung zurücknehmen oder abschwächen.

Die Christen glauben, dass der in der Schrift verheißene Messias in Jesus gekommen ist. Es ist die Nähe von Israels Gott, der ihnen Jesus als Bruder vertraut machte und zugleich Jesu Liebe als Zuwendung Gottes selbst erfahren ließ. Deshalb scheint es ihnen zuwenig, ihn nur als leuchtendes Beispiel vor Augen zu haben. Vielmehr erfassen sie sein Leben, Sterben und Wiederkommen als Weg, auf dem Gott alle zum Heil führen will. Dass Jesu Liebe für alle Raum bietet, sehen sie darin bestätigt, dass Gott ihn erhöht und damit als Lebenden zurückgeschenkt hat. Was an ihm gegenüber dem Bisherigen und allem Menschlichen anders ist, liegt also nicht auf der Linie einer bloß quantitativen Steigerung. Gerade mit der Auffassung einer bloß gesteigerten Menschlichkeit bei Jesus käme es auch leicht zu der fatalen Gegenüberstellung: Die Christen sind eben doch die besseren Israeliten. Eine Christologie, die in Jesus den menschgewordenen Gottessohn bekennt, bedarf dieser Art des Abmessens nicht. Sie hat, vielleicht erst nach eigenen leidvollen Erfahrungen, die Möglichkeit, die Gemeinschaft mit Jesus im freien Ja des Glaubens an ihn zwar als Ziel zu sehen, aber auch zu wissen, dass es für alle, die Gott ergriffen hat, die Möglichkeit einer offenen und wachsenden Weggemeinschaft gibt. So könnten Christen dem zuvor genannten Wort Rosenzweigs einen akzeptablen Sinn geben.

Die Frage der Juden, ob mit dem Bekenntnis zum menschgewordenen Gottessohn nicht die strenge, Verpflichtung auf den einzigen Gott Israels (vgl. Dtn 6,4-9) preisgegeben wird, beantworten die Christen mit ihrer Glaubensüberzeugung, dass es gerade Jesus Christus ist, der ihnen den einzigen Gott Israels vermittelt und darstellt. Die in Christus geschehene Menschwerdung Gottes ist für den Christen keineswegs eine Absage an die Einzigkeit Gottes, sondern eine Bestätigung derselben. Menschwerdung Gottes hat vielmehr zur Voraussetzung, dass der einzige Gott Israels. kein isolierter, beziehungsloser, sondern ein den Menschen zugewandter, vom menschlichen Schicksal mitbetroffener Gott ist. Diese Charakteristik Gottes wird nach dem Zeugnis der Talmude und Midraschim auch - allerdings ohne Verbindung und ohne Zusammenhang mit Jesus Christus - vom rabbinischen Judentum geteilt. Auch das rabbinische Judentum weiß selbstverständlich, dass der einzige Gott Israels nicht nur in der Transzendenz "weilt", sondern auch mitten unter seinem in Not und Verfolgung hineingeratenen Volk: als Herr, Vater, Gefährte und Erlöser. Das christlich-jüdische Gespräch über den lebendigen Gott Israels ist daher ein großes Hoffnungszeichen.

2. Der gemeinsame Auftrag

Trotz des nicht verschwiegenen Dissenses im Konsens verbindet Juden und Christen der Auftrag zum gemeinsamen Handeln und Zeugnis-Geben in der Welt. Wesentliche Aufgaben, denen sie sich um der Zukunft willen gemeinsam stellen müssen, sind beispielsweise:

- Wie ist es angesichts des geschehen Massenmordes an Juden und der versuchten Ausrottung des jüdischen Volkes noch möglich, an Gott zu glauben? Wie ist es möglich, Schuld und Leid vor Gott zu tragen, statt sie zu verdrängen oder zu fixieren? Welche Bedeutung hat die systematische Vernichtung großer Teile des europäischen Judentums, und welche Bedeutung hat die Gründung des Staates Israel für Juden und Christen und für ihre Begegnung miteinander? Wie ist es angesichts der Gründung des Staates Israel als eines zentralen Ereignisses der neueren jüdischen Geschichte möglich, die jahrtausendkalte Hoffnung auf Gottes Heil mit konkret politischem Handeln in der Gegenwart zu verknüpfen, ohne einer religiös begründeten Ideologisierung der Politik oder einer Politisierung des Glaubens das Wort zu reden?

- Was bedeutet es angesichts einer nach wie vor polytheistischen Welt (Götter haben heute nur andere Namen), dass Juden und Christen an *einen* Gott glauben? Können und müssen nicht Christen und Juden in einer Welt, deren Kriege im wesentlichen immer noch Religionskriege sind (was leicht plausibel wird, wenn man an die Stelle von Religion das Wort "Ideologie" setzt), aufgrund ihrer Offenbarung gemeinsam eine Ideologiekritik entwickeln?

- Haben nicht Juden und Christen gemeinsam die Verpflichtung, angesichts der Weltverhältnisse, die das Überleben der Menschheit bedrohen, zu zeigen und in Modellen vorzuleben, was biblisch verstanden Gerechtigkeit und Freiheit ist?

- Zu den Grundforderungen der den Juden und Christen gemeinsamen biblischen Offenbarung gehört die unbedingte Achtung vor dem Leben des anderen. Es sollte gemeinsam von ihnen präzisiert werden, was hieraus heute für die Wahrung von Menschenwürde und Menschenrechten folgt. Insbesondere wäre z. B. gemeinsam eine Ethik der Wissenschaften, der Technik, der Zukunftssorge zu entwickeln - auch die Menschen nach dem Jahr 2000 sind unsere Nächsten.

- Welche konkreten Konsequenzen können aus der Juden und Christen gemeinsamen Überzeugung von der Gottebenbildlichkeit des Menschen gezogen werden? Welche Verpflichtungen ergeben sich aus dem Juden und Christen gemeinsamen Gebot der uneingeschränkten Liebe (vgl. Lev 19,18 und Mk 12,30f.)?

3. Die Kontroverse um Gesetz und Gnade neu überdenken

Die Begegnung von Juden und Christen wird auch dahin führen, dass beide Seiten die gegenseitigen Anfragen mit klarerem Blick wahrnehmen.

Juden weisen den christlichen Vorwurf der "Werkgerechtigkeit" dann mit überzeugenden Gründen zurück, wenn sie nicht die Gefahr bestreiten, die von dieser Haltung ausgehen kann, zumal sie wissen, dass die Warnung vor "Werkgerechtigkeit" zu ihrer eigenen Glaubenstradition gehört. Dass die Tora das Leben des Menschen in Anspruch nimmt, hindert nicht das Angewiesensein auf Gottes Barmherzigkeit. Gottesdienstliche Texte, wie sie die Feier des Versöhnungstages, des höchsten Festtages im jüdischen Jahr, kennzeichnen, können Christen eindringlich diese Seite des jüdischen Lebens aufschließen.

Christen weisen den jüdischen Vorwurf des "Verlustes der Ethik" dann mit überzeugenden Gründen zurück, wenn sie nicht die Gefahr bestreiten, dass die Hoffnung auf Gnade sie zur Vernachlässigung ihrer Weltverantwortung verleiten kann, zumal sie wissen, dass die Warnung vor dieser Gefahr zu ihrer eigenen Glaubenstradition gehört. Kirchliche Texte zum Verhältnis von Glaube und Werken (vgl. Konzil von Trient), aber auch schon die paulinische Mahnung zu einem "in der Liebe werktätigen Glauben" (Gal 5,6) sind dafür deutliche Beispiele. Jüdische und christliche Kritik an der "Werkgerechtigkeit", jüdische und christliche "Freude am Gesetz" (an dem auch der Christ, wie Paulus ausdrücklich bekennt, "sich mitfreut" – Röm 7,12) haben ein gemeinsames Ziel: die Fähigkeit zum Beten, zum Lobpreis Gottes zu bewahren. Darum finden Juden und Christen nur dann zum Dialog, wenn sie gemeinsam bekennen, was täglich im jüdischen Morgengebet gesprochen wird: "Nicht auf unsere Gerechtigkeit trauen wir, sondern auf deine große Barmherzigkeit" (Dan 9,18).

IV. Nachwort

Die in diesem Text angesprochenen Fragen wollen zum Bewusstsein bringen: Jüdisch-christlicher Dialog darf nicht länger dem Interesse einiger Spezialisten überlassen werden. Denn die hier anstehenden Themen treffen ins Zentrum des christlichen wie des jüdischen Selbstverständnisses, sie haben über die Begegnung zwischen Juden und Christen hinaus Entscheidendes beizutragen auch für das Verständnis der Religionen insgesamt und für die Zukunftsfragen der Menschheit. Darum appelliert der Gesprächskreis Juden und Christen" beim Zentralkomitee der deutschen Katholiken an alle für die Aus- und Fortbildung von Priestern und anderen pastoralen Mitarbeitern, von Lehrern und Erziehern Verantwortlichen, an die Träger der Erwachsenenbildung und die Medien sowie an die jüdischen Gemeinden und Institutionen, sich diesen zentralen Themen des jüdisch-christlichen Dialogs in den nächsten Jahren verstärkt zuzuwenden und ihre Bedeutsamkeit ins öffentliche Bewusstsein zu bringen.

Nach 50 Jahren - wie reden von Schuld, Leid und Versöhnung?

Erklärung vom 19. Februar 1988

> Das Vergessenwollen verlängert
> das Exil, und das Geheimnis
> der Erlösung heißt Erinnerung.[1]

Die Zeit drängt

Im November 1988 jährt sich zum 50. Mal der Tag, der mit dem verhöhnenden Namen "Reichskristallnacht" benannt wurde. Die damaligen gewalttätigen Ausschreitungen waren eine weitere Radikalisierung der Judenverfolgung, die schließlich in der Ermordung von sechs Millionen jüdischer Männer, Frauen und Kinder endete. Die traurige Bilanz des in der Nacht vom 9. auf den 10. November 1938 von der Regierung organisierten Massenpogroms: Es wurden fast 100 Juden ermordet, viele misshandelt und über 30.000 in Konzentrationslager eingesperrt. In ganz Deutschland wurden Synagogen und Friedhöfe geschändet, angezündet oder zerstört, jüdische Geschäfte und Wohnungen geplündert und demoliert.

Im Unterschied zur späteren Schoa[2] in den Vernichtungslagern spielten sich diese Vorgänge vor aller Augen ab. Man konnte sie nicht nur, man musste sie sehen! Darum bedrängt uns heute die Frage, wie die Menschen, vor allem die Christen, auf diese Vorgänge reagiert haben. Es gab viel Gleichgültigkeit und Gemeinheit, rohe Gewalt, systematische

---

[1] So als Spruch jüdischer Weisheit zitiert in der Ansprache zum 40. Jahrestag der Beendigung des Zweiten Weltkrieges, die Bundespräsident Richard von Weizsäcker am 8. Mai 1985 hielt; veröffentlicht in: Bulletin des Presse- und Informationsamtes der Bundesregierung 52 (1985), 443-446. Der Spruch steht auch über der Gedenkstätte Jad waSchem in Jerusalem, dort ist er dem Baal Schem Tow (ca. 1700-1760) zugeschrieben.

[2] Schoa, von der etymologischen Wurzel *schoah* = *vernichten, verwüsten* abgeleitet, ist der hebräische Ausdruck für die Ermordung der sechs Millionen Juden. Das Wort ist sachgerechter als Holocaust (biblisch: Ganz-Opfer).

Ausplünderung und unverhohlene Schadenfreude, aber auch Zeichen der Empörung, des Mitgefühls und der Hilfsbereitschaft.

Es geht uns in dieser Erklärung nicht darum, über das Verhalten der damals Beteiligten ein historisches Urteil abzugeben. Die Frage, weshalb die Kirchen seinerzeit das Geschehen der Pogromnacht nicht klarer und deutlicher verurteilt haben und wieweit dies auch daran lag, dass sich die Kirchen nicht genügend der Verbundenheit mit dem jüdischen Volk bewusst waren, ist ein eigenes Thema, das dringend der Aufarbeitung bedarf. Die Tatsache aber, dass die Kirchen sich damals so verhielten, ist eine Last, die das Verhältnis von Juden und Christen auch heute noch beeinträchtigt. Als Mitglieder des Gesprächskreises "Juden und Christen" beim Zentralkomitee der deutschen Katholiken belastet uns besonders, dass die Bischöfe damals geschwiegen haben; denn sie allein konnten noch öffentlich sprechen. Ihre mehrfach erneuerte klare und eindeutige Absage an den NS-Rassismus[3] hätte sich hier konkretisieren lassen, obwohl und vielleicht auch gerade weil die Kirche selbst in großer Bedrängnis war. Dabei hätten einige schlichte Worte wie die des Berliner Dompropstes Bernhard Lichtenberg als deutliche Stellungnahme genügt: "Was gestern war, wissen wir. Was morgen ist, wissen wir nicht; aber was heute geschehen ist, haben wir erlebt. Draußen brennt die Synagoge. Das ist auch ein Gotteshaus"[4].

Noch heute, ein halbes Jahrhundert später, stehen wir Juden und Christen sprachlos vor der Unfassbarkeit des Grauenvollen, das unter dem NS-Regime geschah. Juden und Christen haben weiterhin Mühe, dieses Unvermögen zu überwinden.

---

[3] Die von deutschen Bischöfen angeregte und mitgestaltete und am 21. März 1937 von allen Kanzeln verlesene Enzyklika "Mit brennender Sorge" betonte die Unvereinbarkeit von kirchlicher Glaubens- und nationalsozialistischer Rassenlehre; am 13. April 1938 rief der Vatikan alle katholischen Universitäten und theologischen Fakultäten zur Bekämpfung der NS-Rassenideologie auf; im August 1938 verabschiedete die Fuldaer Bischofskonferenz einen Hirtenbrief an den Klerus "über religiös-sittliche Irrtümer in der Rassenlehre".

[4] Hans-Georg Mann, Bernhard Lichtenberg (1875-1943), in: Wolfgang Knauft (Hg.), Miterbauer des Bistums Berlin. 50 Jahre Geschichte in Charakterbildern, Berlin 1979, 72.

Unser Gesprächskreis unternahm 1979 einen notwendigen Schritt zu neuen Ufern in der christlich-jüdischen theologischen Auseinandersetzung und Zusammenarbeit, indem er die Erklärung "Theologische Schwerpunkte des jüdisch-christlichen Gesprächs"[5] veröffentlichte. Diese war und ist weiterhin eine hilfreiche und ausreichende Grundlage für unser theologisches Gespräch, hinführend zum Dialog, dessen "eigentliche und zentrale Dimension ... die Begegnung zwischen den heutigen christlichen Kirchen und dem heutigen Volk des mit Mose geschlossenen Bundes"[6] sein soll.

Aber zwischen Juden und Christen steht nicht nur die Theologie. Wir spüren auf je verschiedene Weise die Last der Geschichte. Die Erfahrung, dass die Zeit nicht von selber Wunden heilt, haben wir auch in unserem Gesprächskreis schmerzlich durchstehen müssen. Wir hatten geglaubt, in fünfzehn Jahren christlich-jüdischen Dialogs gelernt zu haben, wie wir miteinander denken, beten, handeln und leben können. Trotzdem wurde die harte Auseinandersetzung über den als Versöhnungsgeste gemeinten Besuch von Präsident Reagan und Bundeskanzler Kohl auf dem Soldatenfriedhof von Bitburg für uns selber wie das Aufbrechen vernarbter Wunden. Nicht bloß in der öffentlichen Diskussion, auch unter uns erhob sich eine Mauer der Missverständnisse und Ärgernisse, die ein "wir" von Juden und Christen in Deutschland fundamental in Frage stellte. Für einige schien zeitweise gar die weitere Mitgliedschaft im Kreis nicht länger möglich. Zum Durchbruch zu einem neuen, durch das Leid geläuterten gemeinsamen Sprechen halfen uns der persönliche Austausch und das theologische Gespräch in unserem Kreis, die Rede unseres derzeitigen Bundespräsidenten zum 8. Mai 1985 und unsere Begegnung mit dem amerikanischen Judentum im März 1986 in New York.

In den letzten drei Jahren erkannten wir Christen erneut, dass es eigent-

---

[5] In: Berichte und Dokumente 39, hrsg. v. Zentralkomitee der deutschen Katholiken, Bonn 1979, 6-19.
[6] Papst Johannes Paul II. in Mainz bei seiner Begegnung mit Vertretern der deutschen Juden 1980, in: Rolf Rendtorff, Hans Hermann Henrix (Hgg.), Die Kirchen und das Judentum. Dokumente von 1945-1985, Paderborn, Gütersloh, 3. Aufl. 2001, 76.

lich ein Wunder ist, wenn ein Jude nach allem, was seinem Volk und seinen Verwandten und Bekannten an Leid und Unrecht angetan worden ist, eine ihm entgegengestreckte Hand ergreifen kann. Obwohl viele Juden sogar als erste ihre Hand zur Aussöhnung ausstreckten, müssen andere noch lernen, diesen Schritt zu tun und zu begreifen, dass Aussöhnung nicht Verrat an den Toten bedeutet. Wir Christen müssen allerdings auch lernen, dass wir nur um Aussöhnung, nicht um Vergebung bitten können und nur bitten, nicht fordern können. Fühlt sich ein Jude nicht oder noch nicht imstande, unserer Bitte zu entsprechen, gibt es keinen Grund, ihn zu drängen, auch nicht durch gut gemeinte "bloße Erwartungen". Diese Ungleichzeitigkeit gilt es auszuhalten.

Auf jeden Fall ist es falsch zu glauben, dass die Zeit heilt. Die meisten Wunden vernarben zwar, schmerzen aber weiterhin, doch "die Schoa (ist) eine tiefe Wunde, die immer noch blutet"[7]. Man darf aber deshalb nicht die Zeit ungenutzt verstreichen lassen; denn je später man beginnt, desto schwerer ist es, die Situation zu erkennen und daraus die richtigen Schlüsse zu ziehen.

Aus diesen Erfahrungen heraus haben wir erkannt: Unser Arbeitspapier von 1979 muss erweitert, die deutlicher hervortretende Frage gerade auch der Nachkriegsgenerationen nach der Art und dem Grad unserer Verantwortung muss aufgenommen werden, um eine Grundlage der Begegnung von deutschen Katholiken und Juden zu werden. Wir müssen auch mehr als vierzig Jahre nach Ende des Zweiten Weltkrieges weiter an den Grundlagen unserer Begegnung arbeiten und lernen, gemeinsam fragen zu können: "Wie reden von Schuld, Leid und Versöhnung?"

Deshalb hat der Gesprächskreis "Juden und Christen" beim Zentralkomitee der deutschen Katholiken 50 Jahre nach der Reichspogromnacht diese theologische Überlegung unter dem Titel "Nach 50 Jahren: Wie reden von Schuld, Leid und Versöhnung?" erarbeitet.

---

[7] In: Osservatore Romano, 25.6.87, 1.

Juden und Christen stellen sich einer Frage

Wir Juden und Christen kennen ein gemeinsames Zeugnis, das im Ruf Gottes begründet ist; wir sind "Verwalter und Zeugen einer Ethik, die von den zehn Geboten gekennzeichnet ist, in deren Befolgung der Mensch seine Wahrheit und Freiheit findet"[8]. Dieses Zeugnis ist für die Zukunft der Welt von Bedeutung, und darum tragen wir eine gemeinsame Verantwortung. "Eine gemeinsame Besinnung und Zusammenarbeit in diesem Bereich zu fördern, ist eines der großen Gebote der Stunde"[9]. Doch die Lasten der Vergangenheit stellen sich uns immer wieder in den Weg, wenn wir unsere Zukunftsaufgaben angehen wollen. Man kann sich eben nicht mit der Zukunft beschäftigen und dabei das Vergangene ignorieren. Denn das Geschehene ist die Grundlage, von der wir ausgehen müssen; "wer .... vor der Vergangenheit die Augen verschließt, wird blind für die Gegenwart"[10].

Und wenn Christen, insbesondere Christen in Deutschland, mit Juden nur von der Zukunft reden wollen, nähren sie - oft unbewusst und ungewollt - bei ihren Gesprächspartnern den Verdacht, es gehe ihnen vor allem um die Bestätigung eines Schlussstriches unter die Vergangenheit, um "Entlastung" und nicht darum, sich dem jüdischen Volk durch Solidarität, Verständnis und Sorge in Umkehr zu nähern. Gerade dadurch aber stehen die Lasten der Vergangenheit unausgesprochen und desto lähmender weiterhin zwischen uns. Wenn die Vergangenheit ausgeklammert bleibt, gibt es nur Entfremdung und keine Aussöhnung. Es gehört eben leider auch zum Fluch des Bösen, dass der, dem Unrecht geschehen ist, oft als bleibender Vorwurf empfunden (und beanstandet) wird. Der Entschluss, unsere Augen vor der Vergangenheit nicht zu verschließen, muss aufrichtig aus unserem eigenen Herzen kommen, eigenem Bedürfnis entspringen: "Die praktische Redlichkeit unseres Erneuerungswillens hängt auch an dem Eingeständnis von Schuld und an der Bereitschaft, aus dieser Schuldgeschichte unseres Landes und

---

[8] Papst Johannes Paul II. in seiner Ansprache anlässlich seines Besuches der Synagoge von Rom am 13. 4. 1986, in: Freiburger Rundbrief 37/38 (1985/86), 5.
[9] Ebd.
[10] R. v. Weizsäcker, a.a.O., 443.

auch unserer Kirche schmerzlich zu lernen"[11]. Wir müssen an uns arbeiten, um dazu fähig zu sein.

Die Weigerung, aus der Schuldgeschichte zu lernen, wie auch das Ablehnen von Betroffenheit ist Verdrängung; denn keiner von uns kann nicht betroffen sein. Zu tief sind wir in Schuld und Leid mit allen ihren Auswirkungen verstrickt. Gerade dieser Schuldgeschichte müssen wir uns aber stellen, indem wir die Schuld auch konkret benennen; sonst besteht leicht die Gefahr, dass wir uns hinter einer allgemeinen Schuldanerkennung anonym verbergen.

Es gibt nämlich Schuld und Schuld, entdeckt oder verborgen, eingestanden oder geleugnet. Es gibt die Schuld, etwas Böses getan, und die, etwas Gutes nicht getan zu haben, die Schuld der unmenschlichen Tat und die der Verweigerung von Mitmenschlichkeit. Es gibt Hilfestellung und unterlassene Hilfeleistung, Mitschreien und Schweigen.

Ähnlich vielschichtig wie die Schuld ist aber auch das Leid, das physische wie das psychische. Es gibt das Leiden derer, die nicht entkamen, und das derer, die jemanden zurückließen; das Leid derer, die ohnmächtig zuschauen mussten, und das derer, die als Nachgeborene mitleiden. Es gibt auch das Leid derer, die sich schuldig erkennen und ein Verlangen nach Verzeihen und Versöhnung haben, wie auch das derer, die verzeihen möchten, aber nicht können.

Aus der Schuldgeschichte lernen heißt: Trauer zulassen und tragen. Es ist eine gemeinsame Trauer über das, was mit uns geschehen ist, über unsere Schuld, über unser Leid. Wir trauern um die Menschen und um die Gemeinden, die ermordet und vernichtet wurden, um die jüdische Kultur in Deutschland und sonst in Europa, die zerstört wurde, und um den Glauben an den Mitmenschen, der vor allem uns Juden fast genommen wurde.

Was uns Christen vor allem bedrückt, ist jedoch die Wahrnehmung der Verwüstung, die frühere Schuld den Juden gegenüber zwischen unseren

---

[11] Beschluss "Unsere Hoffnung" IV,2, in: Gemeinsame Synode der Bistümer in der Bundesrepublik Deutschland. Offizielle Gesamtausgabe Bd. 1, Freiburg 1976, 108.

Gemeinschaften angerichtet hat. Sie kommt vom Bösen und führt, wenn sie nicht angegangen wird, zu weiterem Bösen. Ihre Überwindung bleibt eine Aufgabe aller in unterschiedlicher Weise Betroffenen: der unmittelbar Schuldigen, wenn sie überhaupt noch leben, der damaligen Zeitgenossen, die ihre Verstrickung in das furchtbare Geschehen als Hypothek mit sich tragen, auch wenn sie persönlich kein Verbrechen begangen haben, und derer, die damals überhaupt noch nicht lebten oder Kinder waren und denen dennoch zugemutet wird, eine Haftung für etwas zu übernehmen, das sie selbst nicht getan haben.[12] Denn auch von ihnen erhoffen wir, dass sie den Berg von Entfremdung und Feindschaft abtragen helfen, der sich zwischen uns aufgetürmt hat.

Umkehr und Buße bei Juden und Christen

Unser Gesprächskreis ist daher ständig mit der Frage konfrontiert: "Wie ist es möglich, Schuld und Leid vor Gott zu tragen, statt sie zu verdrängen oder zu fixieren?" Aus unserem Glauben heraus gewinnen wir die Hoffnung, dass dies möglich ist. Denn wir vertrauen auf Gott, der die Macht hat, zu vergeben und Unrecht zu überwinden, der vom Menschen die Umkehr nicht nur fordert, sondern sie ihm auch anbietet. "Wenn wir als Sünder unser Heil bei Gott suchen, ist sein Ruf zur Umkehr in uns bereits wirksam. ... Buße ist ... der uns Sündern eröffnete Weg in die Freude und Freiheit der Kinder Gottes"[13]. Unsere gemeinsamen Gespräche über den Umgang mit Leid und Schuld zeigten, dass sich unsere Gemeinsamkeit nicht auf die biblischen Grundlagen beschränkte. Wir erfuhren, dass auch die Bußordnungen, wie sie gegenwärtig unsere jeweiligen Traditionen auslegen, uns zusammenbringen.

---

[12] "(Es) bleibt die Last der Geschichte - es bleibt die gemeinsame Verantwortung für unsere Vergangenheit. An sie werden wir in diesen Tagen oft unfreiwillig erinnert. Wir sollten aber auch aus eigenem Entschluss an sie denken. Nicht in selbstquälerischer Leidenschaft, zu der die Deutschen nur allzu leicht neigen; wohl aber in redlicher, nüchterner Besinnung. Hier liegt auch unsere Aufgabe als Christen." Hans Maier, in: Der 8. Mai 1945 und die deutschen Katholiken, hrsg. v. Generalsekretariat des Zentralkomitees der deutschen Katholiken, Kevelaer 1985, 21.

[13] Beschluss der Gemeinsamen Synode der Bistümer "Schwerpunkte heutiger Sakramentenpastoral" C 3, 261.

Nach 50 Jahren - wie reden von Schuld, Leid und Versöhnung?

Wir haben uns um das bemüht, was wir gemeinsam sagen können. Wir entdeckten, dass jüdisches Sprechen von Schuld, Leid und Vergebung unverkürzt auch von Christen bejaht und mitvollzogen werden kann, ohne dass ihnen etwas fehlte. Wir Christen ignorieren dabei nicht, dass wir nur durch Christus und in der durch ihn geschenkten Gemeinschaft mit Gott Umkehr und Erneuerung finden. Dennoch kennen wir Christen keine andere Art und kein anderes Maß des Verzeihens und der Aussöhnung, des Duldens und der Tapferkeit als die Juden. Auch war es nicht unsere Aufgabe, Unterscheidungslehren zu diskutieren. Unser Ziel ist die Aussöhnung in der Begegnung. So hinderte uns unsere Verwurzelung in Jesus Christus gerade beim Bedenken von Schuld, Umkehr und Versöhnung nicht, die Gemeinsamkeit mit den jüdischen Gesprächspartnern von der Wurzel her als tiefe Übereinstimmung in der Sache selbst zu erfassen. Diese sehen wir als eine tragfähige Brücke zu wirklicher Begegnung an. So hoffen wir, einen Beitrag für die vom Papst als wichtigste Dimension gekennzeichnete Ebene des Gesprächs leisten zu können.[14]

Diese Übereinstimmung veranlasste uns allerdings dann dazu, unsere individuell angelegten "Bußordnungen" weiterzudenken angesichts der geschichtlichen und gesellschaftlichen Dimension, die Schuld und Leid unter der Hitlerdiktatur zwischen uns angenommen haben. Denn gerade die Tatsache, dass die verschiedenen religiösen Traditionen im Vertrauen auf das Entgegenkommen Gottes innerlich übereinstimmen, gab und gibt uns Kraft und Hoffnung. Denn nur dieses Entgegenkommen macht Umkehr möglich, eine Umkehr allerdings, die mehr ist als ein Wunschbild und die vom Menschen verlangt, dass er sich mit aller Kraft bemüht, wirklich diesem Ziel entgegenzustreben.

Da wir so zu der Überzeugung gelangten, dass wesentliche Elemente und Prinzipien unserer unterschiedlichen Traditionen uns erkennen lassen können, was wir zu tun haben und bezeugen sollen, wird im folgenden der Versuch gemacht, aus der katholischen Bußordnung[15] und

---

[14] Vgl. Papst Johannes Paul II. in Mainz, a.a.O., 152.
[15] Vgl. Die Feier der Buße nach dem neuen Rituale Romanum, Freiburg u.a. 1974; wenngleich erst im Auftrag des Zweiten Vatikanischen Konzils verfasst, ist dieser Ritus nicht eine Ablösung, sondern eine konsequente Weiterentwicklung

den jüdischen "Gesetzen der Umkehr" (Hilchot T'schuwa)[16], die aus unserem je spezifischen Verständnis der biblischen Botschaft erwuchsen, Ansätze zu entwickeln, die uns den Weg zur Aussöhnung zwischen Juden und Christen weisen können.

Traditionelle Lehren und neue Dimension der Frage

Bußordnung und Hilchot T'schuwa sind darauf angelegt, dem Menschen zur Einsicht in das verübte Unrecht, bei der Verarbeitung seiner Schuld und bei der Überwindung seiner Entfremdung von Gott zu helfen. Es geht nun darum, die wesentlichen Elemente und Prinzipien unserer unterschiedlichen Traditionen zu erkennen, die für uns in der uns heute bewegenden Problematik gültig und von Bedeutung sind.

Allerdings sind unsere theologischen Lehren angesichts der Einzigkeit des Geschehens der Schoa überfordert. Unsere herkömmlichen theologischen Begriffe greifen hier nicht mehr, zum einen aufgrund der Unvorstellbarkeit des Geschehens, zum anderen, weil es nicht nur um Überwindung von Schuld geht, die den einzelnen im Verhältnis zu *seiner* Gemeinschaft betrifft, sondern auch um die Feindschaft, die *zwischen* Gemeinschaften entstanden ist. Doch Bußordnung und Hilchot T'schuwa konzentrieren sich eher auf die individuelle Schuld des einzelnen. Man sagt zwar zu Recht, Schuld ist "wie Unschuld, nicht kollektiv, sondern persönlich"[17], aber die bösen Taten einzelner hinterlassen oft tiefe Spuren im Leben ihrer Gemeinschaft, deren Mitglied sie sind oder für die sie gar handeln. Wir können uns nicht einerseits zu einer Gemeinschaft bekennen, uns andererseits aber der Mitverantwortung für das entziehen, was im Namen der Gemeinschaft getan oder unterlassen worden ist, indem wir uns auf die eigene Unschuld berufen.

---

der traditionellen Bußordnung. Siehe auch Synodenbeschluss "Schwerpunkte heutiger Sakramentenpastoral" C sowie: Katholischer Erwachsenenkatechismus. Das Glaubensbekenntnis der Kirche, hrsg. v. Deutsche Bischofskonferenz, Kevelaer u.a. 1985, 363-372.

[16] Die traditionellen jüdischen Lehren über Reue, Buße und Umkehr sind u.a. von Maimonides (1135-1204) unter dem Namen *hilchot teschuwah* (Gesetze der Umkehr) in seiner Mischne Tora gesammelt worden. Seine Zusammenstellung ist bis heute maßgeblich.

[17] R. v. Weizsäcker, a.a.O., 443.

Wer sich gegen seinen Mitmenschen vergeht, vergeht sich dabei auch gegen Gott und entfremdet sich von ihm. Die Rückkehr zu Gott kann dann nicht unabhängig von der Hinkehr zum beleidigten, geschädigten oder geschändeten Mitmenschen geschehen. Denn: "Sünden des Menschen gegen Gott sühnt der Versöhnungstag, Sünden des Menschen gegen seinen Mitmenschen sühnt der Versöhnungstag nicht, bis man dessen Verzeihung erlangt hat[18]" - ähnlich auch die Weisung Jesu: "Wenn du deine Opfergabe zum Altar bringst und dir dabei einfällt, dass dein Bruder etwas gegen dich hat, so las deine Gabe dort vor dem Altar liegen; geh und versöhne dich zuerst mit deinem Bruder, dann komm und opfere deine Gabe"[19].

Der Sünder vergeht sich aber auch gegen die Gemeinschaft, deren Teil er ist, entfremdet sich von ihr. Dass die "Sünde, durch die sich der einzelne gegen Gott verfehlt, (...) immer auch eine Verfehlung gegen die kirchliche Gemeinschaft (ist), die darunter leidet"[20], bezieht sich nicht nur auf Sünden gegen Gott im engeren Sinn; denn auch Verfehlungen gegen den Nächsten sind Sünden gegen Gott. Die Wiederaufnahme in die volle Gemeinschaft soll dem Umkehrenden dann die Zuversicht geben, auch von Gott wieder aufgenommen zu sein. Doch gilt auch dies zunächst wieder für den *Einzelsünder*, der von *seiner* Gemeinschaft wieder akzeptiert wird. Wir stehen aber vor dem Vergehen einer Gemeinschaft gegen eine andere, deren eine, die jüdische, gerade Hoffnung geschöpft hatte, nach früheren Verfolgungen und Herabsetzungen nun endlich geachtet und allmählich angenommen zu werden. Innerhalb dieses Gegenübers von Gemeinschaft zu Gemeinschaft liegen die Unrechtstaten von einzelnen gegenüber einzelnen. Doch "wir alle,

---

[18] Mischna. Yoma VIII.9. In etwa gilt das auch für "Die Feier der Buße... Pastorale Einführung" Nr. 18: Das Bußwerk "kann in Gebet, in Selbstverleugnung, vor allem aber im Dienst am Nächsten bestehen, damit der soziale Aspekt von Sünde und Vergebung sichtbar werde".

[19] Mt 5, 23f.

[20] Beschluss der Gemeinsamen Synode der Bistümer, "Schwerpunkte heutiger Sakramentenpastoral" C 2, 260.

ob schuldig oder nicht, ob alt oder jung, müssen die Vergangenheit annehmen, ... sind von ihren Folgen betroffen und für sie in Haftung genommen"[21].

Um das Böse in der Gemeinschaft zu überwinden, braucht es also nicht nur das Bewusstsein der "Kollektivscham"[22], sondern auch die Bereitschaft, sich in "Haftung"[23] nehmen zu lassen, das mitzutragen, was der Gemeinschaft anlastet. Heißt es doch auch: "Überdies tun die Menschen oft gemeinsam Unrecht. Sie helfen einander aber auch, wenn sie Buße tun"[24]. Im Guten wie im Bösen ist man von den Taten und dem Verhalten seiner Gemeinschaft mit betroffen. Dies gilt nicht nur für die Generation der "dabei Gewesenen", sondern für alle, für die die Schoa Bestandteil ihrer Geschichte ist. Deshalb reden wir alle als Befangene und Mitbetroffene, können und dürfen wir nur als solche reden und tun dies in der Hoffnung, dass "die Buße immer auch zur Versöhnung mit den Brüdern führt, denen die Sünde schadet"[25].

Vor der *vollendeten* Versöhnung mit und der Rückkehr zu Gott steht das Verzeihen desjenigen, an dem man sich vergangen hat - nicht aber vor dem *Beginn* des Versöhnungsprozesses, der wiederum Vorbedingung zum Verzeihen ist. Es gibt keine Umkehr zu Gott ohne Hinkehr aus ganzem Herzen zu dem Menschen, an dem man gefehlt hat. Von ihm müssen wir Verzeihen erlangen, können es jedoch nicht verlangen. Das große Problem aber ist: Bei Vergehen zwischen einzelnen Menschen gilt, dass wir eigentlich nur das Leid verzeihen können, das *uns* zugefügt wurde, und in dem Ausmaß, in dem es *uns* geschah; und andererseits gilt auch, dass wir eigentlich für uns nur für die Taten und Unterlassungen um Verzeihung bitten können, deren wir, und in dem Ausmaß, in dem wir ihrer schuldig wurden.

Ein Mensch kann nur das Vergehen und das Leid verzeihen, das ihm

---

[21] R. v. Weizsäcker, a.a.O., 443.
[22] Theodor Heuss, Mut zur Liebe. Ansprache am 7.12.1949, in: Theodor Heuss, An und über Juden, Düsseldorf, Wien 1964, 122f.
[23] R. v. Weizsäcker, a.a.O., 443.
[24] Die Feier der Buße ... Pastorale Einführung Nr. 51.
[25] Ebd.

zugefügt wurde; ebenso kann der einzelne nur für die Schuld um Verzeihen bitten, die er selbst begangen hat. Dies hat eine besondere Bedeutung in unserer Situation, in der Präsident Herzog mit Recht sagte: "Nur die Toten haben das Recht zu verzeihen, und den Lebenden ist nicht erlaubt zu vergessen"[26]. Dies ist keine Absage an Versöhnungspflicht und -bereitschaft, sondern Ausdruck einer großen Bewusstheit und Reife: Die Überlebenden und Nachgeborenen der Ermordeten von Auschwitz haben keine Befugnis, für die Toten zu sprechen. Martin Bubers Ausspruch: "Was bin ich, dass ich mich vermessen könnte, hier zu vergeben?[27]" drückt weder Rachsucht noch Unversöhnlichkeit aus, sondern tiefen Respekt vor den Toten, nicht Verweigerung von Vergebung und Verzeihen, sondern Zurückweisung einer Anmaßung. Dieses jüdische Zeugnis kann bei Christen ein neues Nachdenken über ihr Vergebungsverständnis hervorrufen.

So hilfreich also die überlieferten Lehren über Umkehr und Buße auch für die Versöhnung von Juden und Christen sein mögen, wenn wir sie für die Überwindung von Unrecht anwenden wollen, für das eine Gemeinschaft als ganze Verantwortung übernehmen muss gegenüber einer Gemeinschaft, der als ganzer Unrecht getan wurde, kommen wir nicht umhin festzustellen, dass die traditionellen Verhaltensweisen tiefer und neu bedacht werden müssen. Gerade in diesem Punkt ist noch viel theologische Reflexion nötig.

Schritte der Umkehr

Die Stationen des Versöhnungsprozesses mit Gott sind die Reue, das Eingeständnis von Schuld und Verantwortung, der Versuch der Gutmachung, der Bitte um Verzeihung und der Aussöhnung mit dem Geschädigten: "Man muss ihn besänftigen und in ihn dringen, dass er verzeihe..., (doch) darf der Mensch nicht hartnäckig sein, indem er sich nicht besänftigen lassen will. ... Wird man um Verzeihung gebeten, so

---

[26] Präsident Chaim Herzog am 6.4.1987 in Bergen Belsen.
[27] 1953 in der Paulskirche bei der Entgegennahme des Friedenspreises, zit. in: Albert H. Friedlander, Begegnung nach 40 Jahren, in: Der Monat 297 (1986), 16.

gewähre man sie gern und aus vollem Herzen"[28]. Das Bitten um und das Gewähren von Verzeihen muss aufrichtig, "aus vollem Herzen", geschehen. Wir alle, Juden und Christen, müssen an uns arbeiten, um dies tun zu können. Vorschnelles, leichtfertiges und im Grunde unaufrichtiges "Verzeihen" führt nicht zur Aussöhnung, sondern nur zur Verdrängung bei allen und zum Schaden für alle Beteiligten. Vor allem aber gilt für unsere zwischenmenschlichen Beziehungen: "Keiner kann für Gott sprechen, keiner kann für andere sprechen. Es gehört zu den Erfahrungen fast eines jeden Juden in Deutschland, dass viele zu ihm kommen und um Vergebung bitten. Was kann er sagen? Darf er für die sechs Millionen Toten sprechen? Darf er für die Sinti-Roma, für die Homosexuellen sprechen? Darf er sogar für das Judentum sprechen, für die Judenheit, die in aller Welt zerstreut lebt, und darf er sagen: 'Dir ist jetzt vergeben!' Nein"[29].

"Wenn er Schuld auf sich geladen hat, so bekenne er sich zu dem, worin er gesündigt hat"[30]. Vor der Bitte um Verzeihen muss das Anerkennen der Schuld stehen, nicht nur als Lippenbekenntnis, sondern als artikulierte Aufsichnahme: "man muss ein Sündenbekenntnis in Worten ablegen und die Dinge aussprechen, die man im Herzen beschlossen hat"[31]; denn "durch das Bekenntnis steht der Mensch zu seiner sündigen Vergangenheit, er übernimmt die Verantwortung dafür"[32]. Doch hat zwar einerseits "das Bekenntnis der Schuld (...) schon rein menschlich betrachtet eine befreiende und versöhnende Wirkung (...) und zugleich öffnet (der Bekennende) sich neu für Gott und die Gemeinschaft der Kirche, um so neue Zukunft zu gewinnen"[33], andererseits reicht aber ein passives Aufsichnehmen der Schuld für den Verarbeitungs- und Versöhnungsprozess nicht aus. Notwendig sind vielmehr ein aktives Eindringen in die Vergangenheit, nicht apologetische, sondern

---

[28] Maimonides, Hilchot T'schuwa 2,9f. Siehe auch die Antwort Jesu auf die Frage des Petrus, wie oft man seinem Bruder vergeben müsse: "Nicht siebenmal, sondern siebenundsiebzigmal!" (Mt 18,22).
[29] A. H. Friedlander, a.a.O., 28.
[30] Leviticus 5,5, s.auch Numeri 5,6-7.
[31] Maimonides, a.a.O., 2,2.
[32] Katholischer Erwachsenenkatechismus, a.a.O., 370.
[33] Ebd.

wahrheitssuchende Ursachenforschung und die Bereitschaft, die eigene bzw. die Schuld vorangegangener Generationen im Licht der neuen Erkenntnis neu zu formulieren. Wir müssen an unserer Schuld (wie auch an unserem Leid und unserer Trauer) *arbeiten*, und das heißt vor allem, geduldig alles erforschen, was zu unserem Zustand geführt hat.

"Nach meiner Umkehr bereute ich..."[34]. Der Mensch wird durch die Umkehr zu Gott verändert; denn er kann ja nur umkehren, wenn er sich seiner Entfernung von Gott bewusst wird und seiner Schuld, die sie herbeiführte. Die Umkehr führt zur Reue und die Reue zur Umkehr, und in diesem wechselseitigen Versöhnungsprozess nähern wir uns wieder Gott. Auf Gottes Versöhnungswillen dürfen und müssen wir uns verlassen. Aber gerade weil wir von Gott eine vollendete Versöhnung erhoffen, kann für uns selbst der Vorgang der Versöhnung nie abgeschlossen sein. Versöhnung kann nicht zum 'Besitz' werden, über den wir verfügen können. Je mehr wir das Geschenk der Versöhnung erfahren, um so tiefer begreifen wir, dass sie uns nicht *zusteht*. Dies gilt für die *Versöhnung mit Gott* und für die *Aussöhnung mit den Mitmenschen*. Weil nun auch der Weg der Umkehr wechselseitige Abhängigkeiten kennt, können wir zwar Versöhnung an einem konkreten Ort und zu einem bestimmten Zeitpunkt vollgültig erfahren und müssen dennoch gleichzeitig und fürderhin sie erneut erbitten und um sie ringen. Daraus ergibt sich auch, dass dieser Vorgang sicher nicht möglich ist, wenn man ihn nur sucht, um sich von einem bedrückenden Schuldgefühl lossprechen zu lassen.

Die Umkehr zu Gott steht in wechselseitiger Abhängigkeit mit der Hinwendung zum Geschädigten. Der Versuch der Gutmachung darf keine Leistung sein, die man als unangenehme Last hinter sich bringen will. Er muss aus der Reue entspringen, darf nicht nur Mittel zum Erreichen des Verzeihens sein, wird durch dieses nicht hinfällig und ist zeitlich nicht limitierbar. Die Genugtuung ist innerlich mit dem Bußvorgang selbst verbunden, ist dessen "konkrete Verwirklichung[35]" - und wenn auch nicht "wiedergutgemacht" werden kann mit menschlichen Mitteln,

---

[34] Jeremias 31, 18 bzw. 19.
[35] Beschluss der Gemeinsamen Synode der Bistümer "Schwerpunkte heutiger Sakramentenpastoral" C 7, 265.

so kann doch in der Gegenwart "gelindert" und in der Zukunft "bessergemacht" werden, um so zumindest den "Fluch der bösen Tat" zu brechen.[36]

Auch das menschliche Verzeihen und die Aussöhnung stehen also in wechselseitiger Abhängigkeit zum Versöhnungsprozess mit Gott. Es setzt die Bereitschaft voraus, aufeinander zuzugehen und somit auch zu versuchen, dem göttlichen Vorbild zu entsprechen.

Beide müssen aufeinander zugehen, beide müssen wieder zueinander finden können. Dazu müssen wir Juden den Glauben an unsere christlichen Mitmenschen wiederfinden. Uns dies zu ermöglichen, ist wiederum Teil der Gutmachung, wie es Teil der Schuld ist, dass man vielen von uns diesen Glauben nahm; denn der "Holocaust ... hat das Bewusstsein gemeinsamen Menschentums zwischen Juden und Nichtjuden beinahe zerstört"[37]. Nicht nur Christen, auch Juden müssen lernen, dem anderen die Hand zu geben und auch nur zaghaft dargebotene Hände zu ergreifen, ist doch die Aussöhnung "von Juden und Nichtjuden für das jüdische Volk eine geistig-seelische Lebensnotwendigkeit"[38]; denn: "Zwei Völker, beide mit einem Schicksal, können auf die Dauer nicht einander den Rücken kehren und aneinander vorbeigehen. Für die Menschheit kann es etwas bedeuten, wenn dieser Friede ehrlich und das heißt auch: ohne Vergesslichkeit, betrachtet und vorbereitet und, so Gott will, schließlich geschlossen wird"[39].

"... Es gibt Gesetzesübertretungen, die gleich Sühne finden, und andere,

---

[36] Vgl. Ernst Simon, Das Zeugnis des Judentums, Berlin 1980, zitiert nach A. H. Friedlander, a.a.O., 23: "Das neue Deutschland kann seine jüngste Vergangenheit nur 'aufarbeiten' oder 'bewältigen', wie immer der Ausdruck lautet, wenn es zu einem Werke echter Umkehr bereit ist. Umkehr bedeutet, die Folgen der bösen Tat soweit wie möglich ungeschehen zu machen. Kein Toter wird durch die Umkehr erweckt, aber sie kann dazu beitragen, neue Morde und Kriege zu verhindern".

[37] Michael Wyschogrod, in: Wilhelm Breuning, Hanspeter Heinz (Hgg.), Damit die Erde menschlich bleibt, Freiburg 1985, 81.

[38] Ebd. 83.

[39] Leo Baeck, zitiert nach A. H. Friedlander, der dazu bemerkt: "Martin Buber und Leo Baeck ... zeigten uns einen Weg vor über 30 Jahren. Es war zu früh: und der Weg ist noch immer nicht beschritten worden." Friedlander a.a.O., 18f.

die erst nach einiger Zeit gesühnt werden können..."⁴⁰. Die Länge des Versöhnungsprozesses hängt nicht nur von der Aufrichtigkeit und Dringlichkeit des Versöhnungssuchenden und von der Bereitschaft und Fähigkeit des Verzeihenden ab, sondern auch von der Natur und der Schwere der Sünde. "Das Bußwerk und das Maß der Genugtuung müssen jedem einzelnen so entsprechen, dass er die Ordnung dort wiederherstellt, wo er sie gestört hat, und für seine Krankheit die angemessene Medizin erhält"⁴¹.

Was wir tun müssen

Weder die Zeit noch das Vergessen heilt unsere Wunden. Durch Verschweigen kommen wir uns nicht näher. Die Schuld des einen und die Trauer des anderen brechen dann nur immer wieder neu als Verdrängtes hervor und sind nicht überwunden; "Versöhnung (kann es) ohne Erinnerung gar nicht geben"⁴². Doch die Schuld darf nicht nur nicht vergessen, es müssen auch Konsequenzen aus ihr gezogen werden. Schließlich ist mit dem Untergang des verbrecherischen NS-Regimes die Gefahr einer Wiederholung (wo und von wem auch immer) nicht gebannt. Der Abgrund, aus dem die Sünde kam, ist weiterhin vorhanden. Daher müssen wir in diesen Bereichen besonders achtsam und empfindsam sein.

Das Gebot, sich zu erinnern und nicht zu vergessen, bedeutet keineswegs die Aufforderung zur Feindschaft. Ebenso ist die Bereitschaft zum ehrlichen Verzeihen und zur Aussöhnung kein Verrat am Andenken der Ermordeten. Doch da das Unrecht, das den Toten widerfuhr, vom Menschen unabgeltbar ist, darf dieses menschliche Leid nicht einem "natürlichen" Vergessensprozess anheimfallen: "Es wäre Verrat, wenn wir vergessen würden: Wenn wir überlebt haben, um die Toten zu verraten, wäre es besser gewesen, wir hätten nicht überlebt."⁴³

Heilung unserer Wunden kann es nur geben, wenn den ersten *Schritten*

---

[40] Maimonides, a.a.O., 1,4.
[41] Die Feier der Buße ... Pastorale Einführung Nr. 6.
[42] R. v. Weizsäcker, a.a.O., 443.
[43] Elie Wiesel, Albert Friedlander, Die sechs Tage der Schöpfung und der Zerstörung. Ein Hoffnungsbuch, Freiburg i. Br. 1992,73.

aufeinander zu viele *Schritte miteinander* folgen können, miteinander im Prozess der Trauerarbeit und der Versöhnung und damit dann auch ausgesöhnt in die Zukunft. Heilung kann es erst geben, wenn wir gemeinsam auf das Reich Gottes warten, dafür arbeiten und so "dem Herrn Schulter an Schulter dienen"[44]. Der Wille dazu ist sowohl Zeichen der Hoffnung und der Zuversicht als auch Ausdruck unseres Vertrauens in einen vergebenden Gott, der auch geschehenes Unrecht wenden kann. Doch die Versöhnung mit Gott ist ein Geschehen, das nicht die Glieder einer Gemeinschaft zum Abschluss bringen können. Deshalb dürfen wir Menschen auch kein abschließendes Urteil fällen, wie ja auch jedes Begehren eines Schlussstrichs im Widerspruch zu der Aufnahme wirklich vertrauensvoller Beziehungen steht.

---

[44] Zefanja 3,9.

Kloster und Kreuz in Auschwitz?

Erklärung vom 26. April 1990

Zum Sachverhalt

Seit fünf Jahren ist der "Karmel von Auschwitz" Gegenstand einer schmerzlichen Kontroverse zwischen Katholiken und Juden. Die Vereinigung "Kirche in Not/Ostpriesterhilfe" hatte anlässlich des Pastoralbesuchs von Papst Johannes Paul II. im Mai 1985 in den Beneluxländern mit einem Flugblatt unter der Überschrift "Ihr Geschenk für den Papst: ein Konvent in Auschwitz" um Spenden geworben. Der Spendenaufruf verwies auf die Existenz eines Konvents der barfüßigen Karmelitinnen im Gebäude des alten "Theaters" von Auschwitz. Dieses Gebäude, unmittelbar am Zaun des Konzentrationslagers von Auschwitz I gelegen, diente in den Jahren der Vernichtung als Lagerort für das Giftgas Zyklon B und war Teil des Gesamtkomplexes von Auschwitz, der das 3 km entfernte Vernichtungslager Auschwitz-Birkenau (Auschwitz II) ebenso umfasste wie eine Vielzahl von Außenlagern.

Die Information über den Karmelkonvent in diesem Gebäude führte zu spontanen Reaktionen des Protestes der jüdischen Gemeinschaft - zunächst in Westeuropa, dann in Israel und der weiteren Diaspora. Bedeutende katholische Persönlichkeiten erhoben ebenfalls Einspruch. Um den entstehenden Konflikt zu entschärfen, trafen sich autorisierte hochrangige Vertreter der katholischen und jüdischen Welt zu Beratungen. In einer gemeinsamen Erklärung vom 22. Februar 1987 in Genf kam es zu der Übereinkunft, ein Zentrum für Information, Erziehung, Begegnung und Gebet außerhalb der Grenzen der Lager von Auschwitz und Birkenau zu errichten. In diesem Zentrum sollte auch der Konvent der Karmelschwestern seinen Platz erhalten. Die Absprachen von Genf setzten eine Frist von zwei Jahren. Es wurden aber keine Anzeichen für ein Handeln im Sinne dieser Vereinbarung sichtbar.

Nach Ablauf der zwei Jahre wurde die Frist um ein halbes Jahr verlängert. Auch in dieser Zeit wurde kein Schritt zur Errichtung des Zentrums und zur Auslagerung des Klosters sichtbar. Hingegen wurde im

Herbst 1988 ein etwa 7 Meter hohes Kreuz im Klostergelände gegenüber dem Ort der Ermordung polnischer Märtyrer errichtet.

Der Konflikt spitzte sich im Sommer 1989 zu. Aktionen jüdischer Gruppen vor Ort sorgten für Aufsehen und Eskalation. Erst die Intervention der vatikanischen Kommission für die religiösen Beziehungen zum Judentum, die am 18. Oktober 1989 die Genfer Vereinbarung bekräftigte, milderte den Konflikt. Das Eintreten der polnischen Regierung für eine rasche Lösung des Problems entschärfte ebenfalls die Lage. Dass inzwischen ein Grundstück für das Projekt erworben wurde, ist ein konkretes Hoffnungszeichen.

Neben der Verlegung des Klosters und dem Bau des Zentrums bedarf es auch einer Klärung der dem Konflikt zugrunde liegenden unterschiedlichen Auffassungen von Symbol und Spiritualität bei Juden und bei Christen. Hierzu will unsere Erklärung - insbesondere mit Blick auf die Diskussion in der Bundesrepublik - ein Beitrag sein.

Stellungnahme

Wie kein anderer Name erinnert Auschwitz an die Vernichtungslager der Hitler-Diktatur. Ursprünglich zur Vernichtung der polnischen Intelligenz errichtet, wurden hier Millionen Menschen ermordet: Polen, Russen, Ungarn, Deutsche, Holländer, Belgier, Franzosen, Sinti und Roma, vor allem aber Juden: nur weil sie Juden waren. Anders als die anderen Lager ist Auschwitz als der größte jüdische Friedhof Europas das Realsymbol für den Holocaust, die Schoa, d.h. den Versuch, das jüdische Volk auszurotten.

Gerade im deutschen Sprachraum wurde Auschwitz auch zum Inbegriff für die Katastrophe der christlich-jüdischen Geschichte und zum Mahnwort für eine christliche Umkehr. Was der Theologe Johann Baptist Metz beim Freiburger Katholikentag 1978 gesagt hat, bleibt für uns Christen eine immer noch einzulösende Aufgabe: "Wir Christen kommen niemals mehr hinter Auschwitz zurück; über Auschwitz hinaus aber kommen wir, genau besehen, nicht mehr allein, sondern nur noch mit den Opfern von Auschwitz."

Deshalb schmerzt der Konflikt, der durch die Errichtung eines Karmelitinnenklosters im Vernichtungslager Auschwitz ausgelöst wurde, gerade uns, die wir als Katholiken und Juden seit 20 Jahren miteinander im Gespräch stehen. In diesem Konflikt hat - weil die zugesagten Verpflichtungen nicht eingelöst wurden - die Glaubwürdigkeit der katholischen Kirche Schaden erlitten. Er hat auch das Band der Einheit innerhalb der katholischen Kirche belastet. Zugleich wurde offenbar, wie schwer die Last der Geschichte auf uns allen liegt: gewiss, für Christen und Juden auf ganz unterschiedliche Weise. Es wurde aber auch erfahrbar, wie unterschiedlich die Wahrnehmung der jeweils anderen Glaubens- und Lebensweise ist und wie schwer es deshalb fällt, diese zu respektieren und ernst zu nehmen.

Für die Juden unter uns ist Auschwitz Ort und Name für die Schoa überhaupt, für die Manifestation des Bösen schlechthin, für das unbegreifliche Schweigen sowohl Gottes als auch der Menschen. Es ist kein Ort für nachträgliche Symbole oder schnelle Deutungsversuche. Denn im Auschwitz von heute ist die Wirklichkeit von damals gegenwärtig. Auschwitz ist ein Real-Symbol. "Es genügt, sich zur Erde zu beugen, um dort die Asche zu finden, die seinerzeit vom Himmel fiel und die armen Reste von Tausenden und Tausenden jüdischer Kinder, schweigend und weise, in die vier Winde zerstreute"; auf dem Boden von Auschwitz lässt sich die Stimme einer Erinnerung vernehmen, welche "brennt, aber sich niemals verzehrt" (Elie Wiesel). Auschwitz kann an Aussagekraft verlieren, wenn ihm eine symbolisch gemeinte Einrichtung beigegeben wird. Die Symbolik von Auschwitz bleibt am eindrücklichsten erhalten, wenn es von nachfolgenden Zeichen freigehalten wird. In solcher Zeichenlosigkeit und in diesem Verzicht auf Symbolisierungen drückt sich auch eine Solidarität mit allen Opfern aus, wie Théo Klein, Leiter der jüdischen Delegation bei den offiziellen Gesprächen über den "Karmel", sie verdeutlichte: "Was uns (Juden) anlangt, so haben wir niemals geleugnet, dass Polen, Russen, Zigeuner und andere dort gestorben sind. Wir verlangen nicht, dass Auschwitz eine Synagoge wird. (Die Toten) waren Katholiken und Protestanten, Juden, Muslime und Freidenker; niemand von ihnen hat das Recht, ihr Gedenken an sich zu reißen."

Auschwitz muss vor jeglichem Versuch geschützt werden, es für Interessen von Gruppen oder von Wahrheitsansprüchen von Institutionen welcher Art auch immer zu missbrauchen.

Die Ehrfurcht vor den Leidenden und Toten von Auschwitz, aber auch unser Respekt vor dem jüdischen Volk als dem Bundesvolk Gottes verwehren es uns Christen, an diesem Ort allein auf unsere christlichen Formen von Liturgie und Spiritualität zurückzugreifen. Unter dieser Rücksicht kann der Verzicht auf ein Symbol eine positive Zeichenfunktion gewinnen. Es gibt Dimensionen und Abgründe des Leidens - auch des Leidens an Gott -, angesichts derer verstummendes Erschrecken und nachdenkendes Schweigen der gemäße Ausdruck sind.

Wir Christen müssen den Ernst der Anfrage begreifen, die Nichtchristen an unsere Theologie des Kreuzes richten, das für uns vom Schandpfahl zum Heilszeichen geworden ist. Viele Nichtchristen, vor allem Juden, haben in der Geschichte das Kreuz als Verfolgungssymbol erfahren: bei den Kreuzzügen, durch Inquisition und Zwangstaufen, bei Pogromen und Verfolgungen. Wir müssen also lernen, dass das Kreuz für viele Menschen ganz anderes bedeutet, als wir damit aussagen möchten; unsere Symbole, Absichten und Kriterien können nicht für alle anderen als Maßstab gelten.

Auch wir Christen können das zeichenlose Auschwitz als Symbol begreifen. Die Leere dieses Ortes kann uns zur beredten Mahnung an die Verlassenheit, die Ungetröstetheit und den Schrecken der vielen werden, die dort leben und sterben mussten. Ein Kloster könnte diese Leere überlagern. Ein heute gesetztes Kreuz könnte christliche Präsenz in einem Maße beschwören, in dem sie damals nicht da war. Wer hier fragt, was Juden störe, wenn dort christliche Nonnen beten und sühnen, muss verstehen lernen, dass es nicht angeht, Auschwitz im Nachhinein christlich anzueignen oder auch nur diesen Anschein zu erwecken. Das Gebet für die Opfer von Auschwitz ist unabhängig vom Ort Auschwitz, das Eintreten der Sühne für die Untaten ist nicht an den Ort des Geschehens gebunden.

Gewiss, die christliche Frömmigkeit kennt seit der frühen Kirchengeschichte die Tradition, an den Stätten des Martyriums oder über Märtyrergräbern das Kreuz oder eine Kirche zu errichten. Diese Tradition kann aber in Auschwitz nicht fortgesetzt werden. Sie hätte den Charakter einer Anmaßung; denn die Toten von Auschwitz sind nicht "unsere" Märtyrer, auch wenn unter ihnen Frauen und Männer waren, die als Christen gestorben sind. Zudem würde die Tatsache verstellt, dass es Getaufte waren, die zu Täterinnen und Tätern wurden. So verständlich die Sehnsucht von Christen ist, das abgründige Leiden von Auschwitz unter das Kreuz Christi zu stellen, um über diesen Ort unbegreiflicher Gottesverlassenheit und Menschenverachtung zugleich das Hoffnungslicht der Auferstehung aufscheinen zu lassen, und so groß der Ernst ist, mit dem das polnische Volk diesen Ort nun als Symbol seines Martyriums und seiner Erneuerung erinnern will - zuallererst und unaufgebbar muss Auschwitz als der Ort ausgehalten werden, an dem Millionen von Juden gestorben sind, verlassen von einer gleichgültigen Welt und im Stich gelassen auch von den Kirchen, die doch mit dem jüdischen Volk in dem einen und gemeinsamen Gottesbund leben.

Wir Christen müssen die Last der Geschichte wirklich annehmen. "Denn die Geschichte ist nicht etwas Äußerliches, sie ist Teil der eigenen Identität der Kirche und kann uns daran erinnern, dass die Kirche, die wir als heilig bekennen und als Geheimnis verstehen, auch eine sündige und der Umkehr bedürftige Kirche ist" (Deutschsprachige Bischofskonferenzen zum 50. Jahrestag des Novemberpogroms 1938). Im Eingedenken von Auschwitz müssen wir Christen uns bewusst machen,

- dass der millionenfache Mord am jüdischen Volk so mit dem Namen Auschwitz verbunden ist, dass gerade die Stimmen der Angehörigen dieses Volkes bei der "Verfügung" über Auschwitz nicht übergangen werden dürfen,

- dass wir viel von unserer Glaubwürdigkeit eingebüßt haben, weil wir damals als kirchliche Gemeinschaften - trotz des beispielhaften Verhaltens Einzelner - mit dem Rücken zum Leiden des jüdischen Volkes gelebt haben,

- dass wir bemüht sein sollten, Umkehr zu tun und unser Verhältnis zum jüdischen Volk zu erneuern,

- dass Auschwitz auch zwischen dem polnischen und deutschen Volk steht und als Ort des polnischen Leidens erinnert sein will,
- dass wir - und dies mag das Schwierigste sein - begreifen, warum unsere Maßstäbe nicht die einzigen und auch nicht die allein gemäßen sind, wiewohl sie von uns redlichen Herzens als wahr angesehen werden.

Als Juden und Christen sind wir davon überzeugt, dass Auschwitz davor geschützt werden muss, zu einem Ort oberflächlicher Besichtigung oder ideologischer Belehrung zu verkommen. Es wird nicht einfach sein, diesen Ort so zu erhalten, dass er die Erinnerung an die Opfer wachhält und den Besuchern jenes Gedenken ermöglicht, das ihrer unterschiedlichen Beziehung zu den Opfern gerecht wird. Das außerhalb des Lagerbereichs geplante Begegnungs- und Studienzentrum kann dazu beitragen. Seine in Angriff genommene Errichtung und die damit verbundene Verlegung des Klosters und des Kreuzes sind notwendige Schritte, an denen sich die Ernsthaftigkeit der katholischen Erneuerung hinsichtlich der bleibenden kirchlichen Verbundenheit mit dem jüdischen Volk zeigen kann. Die entscheidende Wende im Verhältnis der katholischen Kirche zum jüdischen Volk (und zu einzelnen Juden), die nach den Worten von Papst Johannes Paul II. bei seinem Besuch der Großen Synagoge Roms mit dem Zweiten Vatikanum eingetreten ist, hat ihre Bewährungsprobe: Ob wir Christen als "Kirche nach Auschwitz" zur Umkehr bereit und fähig sind, muss sich gerade in Auschwitz erweisen.

Juden und Judentum im neuen Katechismus der Katholischen Kirche - ein Zwischenruf

Diskussionspapier vom 29. Januar 1996, ergänzt um Stellungnahmen aus den USA von Eugene J. Fisher, James L. Heft, Alan Mittleman und Michael A. Signer

Im Jahr 1992 ist der *Katechismus der Katholischen Kirche* (KKK) erschienen. Der Gesprächskreis "Juden und Christen" beim Zentralkomitee der deutschen Katholiken hat den Katechismus unter dem Gesichtspunkt durchgesehen, wieweit hier die Bemühungen um eine neue Sicht des Judentums ihren Niederschlag gefunden haben.

Der KKK steht in einer Jahrhunderte langen Katechismus-Tradition der Kirche. In den Katechismen fanden Christen von jeher eine kurze Zusammenfassung der christlichen Lehre für ihre Zeit. An Katechismen haben Priester und Laien ihr Grundverständnis des christlichen Lebens gebildet. In Gemeinde, Schule und Familie waren Katechismen von großer pastoraler Bedeutung.

Wir sehen heute, dass die Behandlung Israels und des Judentums in vielen Katechismen, die vor dem Zweiten Vatikanischen Konzil erschienen sind, unzureichend war. Die Katechismen hatten judenfeindliche Tendenzen, machten Juden unberechtigte Vorwürfe, stellten die jüdische Lehrtradition und das jüdische Leben in der Bibel verzerrt dar und nahmen das nachbiblische Judentum in seiner Eigenständigkeit nicht wahr. Sie bildeten eine wichtige Stütze für die christliche Verachtung des Judentums, die sich so verhängnisvoll ausgewirkt hat.

In der Erklärung "Nostra aetate" des Zweiten Vatikanischen Konzils vom 28.10.1965 hat die Kirche ihr Verhältnis zum Judentum neu bestimmt Sie erinnerte sich, dass sie mit dem Judentum geistlich verbunden ist. Seitdem ist die Kirche auf dem Weg, das Judentum besser zu verstehen und ihr eigenes Verhältnis zum Judentum neu zu definieren. Wichtige Schritte auf diesem Weg waren seitdem die "Richtlinien und Hinweise für die Durchführung der Konzilserklärung 'Nostra aetate', Artikel 4", die von der Kommission für die religiösen Beziehungen zum

Judentum am 1. Dezember 1974 herausgegeben wurden. In dieselbe Richtung gehen die "Hinweise für eine richtige Darstellung von Juden und Judentum in der Predigt und in der Katechese der katholischen Kirche", die von derselben vatikanischen Kommission am 26.04.1985 publiziert wurden. Papst Johannes Paul II. hat das Judentum in vielen Ansprachen und anlässlich des Besuchs jüdischer Gemeinden auf seinen Pastoralreisen neu gewürdigt.

Der neue KKK mag sich in Inhalt und Form, in Intention und Adressatenkreis von seinen Vorgängern unterscheiden. Aber auch er will "sichere Norm für die Lehre des Glaubens" und darüber hinaus "sicherer authentischer Bezugstext für die Darlegung der katholischen Lehre und in besonderer Weise für die Ausbildung der örtlichen Katechismen" (Johannes Paul II. in der einführenden Apostolischen Konstitution) sein. Darum ist seine Bedeutung für die Kirche der Gegenwart nicht zu unterschätzen. In der zur Zeit geführten Diskussion um den KKK wurde auf positive Momente, aber auch auf Schwächen hingewiesen. Auch wir haben zu unserem Thema eine differenzierte Stellungnahme vorzutragen.

Wenn der KKK direkt auf das Judentum zu sprechen kommt, ist anzuerkennen, dass der KKK nicht hinter die Aussagen des Konzils über die Juden und über das Verhältnis der Kirche zum Judentum zurückfällt. Dass Jesus Jude war und die Thora positiv gewürdigt hat (423, 577), wird klar gesagt. Die Pharisäer und das Verhältnis zu ihnen werden differenziert dargestellt (579, 595). In dem Abschnitt "Das Verhältnis der Kirche zum jüdischen Volk" (839) zitiert der KKK ausdrücklich das Konzil und erwähnt die Unwiderrufbarkeit der Erwählung Israels (121, 839). Vor allem wird eindeutig gesagt: Die Juden sind für den Tod Jesu nicht kollektiv verantwortlich (597). Gelegentlich wird sogar auf die Bedeutsamkeit heutigen jüdischen Lebens für ein besseres Verständnis der christlichen Liturgie hingewiesen (1096). - Diese und andere Aussagen sind ein hoffnungsvolles Zeichen für die Ernsthaftigkeit, mit der die Kirche ihr Verhältnis zum Judentum erneuern will.

In anderen wichtigen Punkten bleibt der KKK aber hinter den Erwartungen zurück, die man heute an ihn stellen muss. Es fehlt eine angemessene positive Darstellung des Judentums als der älteren Schwester des Christentums. Von der Gottes- und Nächstenliebe als Zentrum jüdischer Existenz, von der Wertschätzung der Thora, von der Heiligung des göttlichen Namens und von der Heiligung des Alltags auch im nachbiblischen Judentum ist nicht die Rede. Darüber hinaus fehlt im KKK das Bemühen, das Jüdische im Christentum aufzuzeigen; wenn aber auf das Jüdische im Christentum hingewiesen wird, geschieht das so, dass das Jüdische dabei seinen Eigenwert verliert oder zur Vorstufe des Christentums wird. Das Wort von Papst Johannes Paul II. beim Besuch der großen Synagoge Roms am 13.04.1986 scheint hier vergessen zu sein: "Die jüdische Religion ist für uns nicht etwas Äußerliches, sondern gehört in gewisser Weise zum Inneren unserer Religion. Zu ihr haben wir somit Beziehungen wie zu keiner anderen Religion."

Der lebendige Zusammenhang zwischen Kirche und Judentum hätte sich in allen vier Teilen des KKK (Glaubensbekenntnis, Mysterien, Ethik, Gebet) aufzeigen lassen. Zwar werden zentrale Aussagen aller vier Teile, im einzelnen allerdings sehr unterschiedlich, aus dem "Alten Testament", der jüdischen Bibel, als unverzichtbarer Grundlage christlichen Glaubens und Lebens heraus entfaltet. Aber diese Aussagen werden nicht, sofern und wo sie es sind, als gemeinsame Glaubensaussagen von Juden und Christen vorgestellt So fehlt - um nur einige Beispiele zu nennen - in den Abschnitten über die Gotteslehre ein Hinweis darauf, dass der Glaube an den einen Gott (200), der gnädig und barmherzig ist (210, 211), auch der Glaube des heutigen Judentums ist, wie es in dem von der Deutschen Bischofskonferenz herausgegebenen Katholischen Erwachsenenkatechismus von 1985 vorbildlich geschieht (63, 75). Einen entsprechend klaren Hinweis sucht man auch bei den Aussagen über den Dekalog und das Liebesgebot vergebens (2055). Die Verwandtschaft zwischen dem Vater unser (2765) und der Eucharistie einerseits und heutigen jüdischen Gebeten und Feiern andererseits ist kaum angedeutet

Der KKK tut sich offensichtlich schwer, das nachbiblische Judentum als eigenständige heilsgeschichtliche Größe neben der Kirche und insbesondere als das Volk des von Gott nie gekündigten Bundes anzuerkennen. Das zeigt sich weniger dort, wo er ausdrücklich vom Judentum redet, als an den Stellen, wo er von der Kirche so spricht, als gäbe es das Judentum nicht, obwohl es von der Sache her geboten wäre.

Wenn der KKK auf das Verhältnis von Israel/Judentum einerseits und Kirche andererseits zu sprechen kommt, wird seine Sprache oft oszillierend und seine Theologie widersprüchlich. Es gibt Passagen, die der vom Konzil zurückgewiesenen Auffassung, wonach die Kirche, das "neue", eigentliche Gottesvolk, an die Stelle des "alten" Gottesvolkes getreten sei, nahe kommen (674, 761-763). Zwar wird mit dem Neuen Testament herausgestellt, dass Israels Berufung unwiderruflich ist (839), aber an anderen Stellen entsteht der Eindruck, dass der Bund mit Israel doch gebrochen und durch den neuen, ewigen Bund Gottes in der Kirche ersetzt sei (762). Auch wie das Kommen des verherrlichten Messias davon abhängig gemacht wird, dass Jesus von ganz Israel anerkannt wird, über dem "Verstockung" liegt (Röm 11,25), ist für jüdisches Selbstverständnis schwer erträglich, weil es den Juden die Verantwortung für den Anbruch bzw. das Ausbleiben der Endzeit auferlegt (674).

Vor allem auf drei Feldern gelingt es dem KKK nicht, den Erneuerungswillen der Kirche umfassend zu realisieren. Hier bleiben Defizite, die es auch schon in früheren Katechismen gab:

1. Das Verhältnis der beiden Testamente der einen christlichen Bibel erscheint in einem undeutlichen Zwielicht. Einerseits wird der eigene Offenbarungswert des "Alten Testamentes" mehrfach bekräftigt (121 - 123, 129). Andererseits wird er durchgängig relativiert. Dies liegt vor allem daran, dass das Alte Testament mit Hilfe der "typologischen" Auslegungsmethode entgegen der Bejahung seines Eigenwertes (121) vorherrschend als unvollkommene Vorform ("Typos") erscheint, die erst im Neuen Testament ihre Vollkommenheit findet. Nach dieser "Typologie" ist das, was Gott im Alten Testament sagt, ganz auf das Neue Testament ausgerichtet und erhält erst hier seine Endgültigkeit (140). Das zeigt sich z.B. an der Art der Darstellung einiger wichtiger Themen, die hier kurz aufgelistet werden: Die prophetischen Verheißungen der Liebe sind im neuen und ewigen Bund in Erfüllung gegangen (2787); die Hinrichtung Jesu kündigt die Zerstörung des Tempels von Jerusalem an (586); der Wortlaut des alten jüdischen Gesetzes ist "Zuchtmeister" (Gal

3,24), um Israel Christus entgegenzuführen (708); das Gesetz ist die Vorbereitung auf das Evangelium; es liefert dem Neuen Testament "Typen", um das neue Leben nach dem Geist zu veranschaulichen (1964); das jüdische Exil steht im Schatten des Kreuzes, und der "heilige Rest", der aus dem Exil zurückkehrt, ist ein Bild der Kirche (710). Beim Augustinuswort 'Das Neue Testament ist im Alten verhüllt, das Alte im Neuen enthüllt' fehlt eine theologische Reflexion (129, 2763). - Diese Art der Typologie muss notwendigerweise dazu führen, dass die Hebräische Bibel als unvollkommene Vorform zum Neuen Testament erscheint. Die Typologie hält die beiden Testamente im KKK zusammen. Damit ist die Gefahr gegeben, dass die Geschichte des biblischen Israel und die im Judentum konstitutive Erinnerung an diese Geschichte aufgelöst wird. Darum kann die Typologie, wie sie hier angewandt wird, eine mildere Form der Enterbung Israels sein, von der die Kirche in anderen Verlautbarungen längst Abschied genommen hat

2. Der kirchliche Antijudaismus, der seine Wurzeln in der Ablösung der frühen Kirche vom Judentum und der dadurch hervorgerufenen antijüdischen Polemik schon im Neuen Testament hat und der durch einige Vorgänger des KKK in der Kirche große Verbreitung fand, ist nicht angesprochen. Ein solches Versäumnis ist heute schwer verständlich. Ein Katechismus nach der Schoa hätte auf die Schuldgeschichte der früheren Katechismen hinweisen, ihre Auswirkungen benennen und die notwendigen Konsequenzen daraus ziehen müssen.

3. Der KKK versäumt die Chance, das erneuerte Verhältnis von Juden und Christen als Zeichen der Hoffnung inmitten einer unerlöst scheinenden Welt und als Herausforderung zu getrennt-gemeinsamer Arbeit für das Kommen des Gottesreiches zu präsentieren.

Zusammenfassend darf an die Erklärung unseres Gesprächskreises von 1988 "Nach 50 Jahren - wie reden von Schuld, Leid und Versöhnung?" erinnert werden: "Heilung unserer Wunden kann es nur geben, wenn den ersten Schritten aufeinander zu viele Schritte miteinander folgen können, miteinander im Prozess der Trauerarbeit und der Versöhnung und damit dann auch ausgesöhnt in die Zukunft. Heilung kann es erst geben, wenn wir gemeinsam auf das Reich Gottes warten, dafür arbeiten und so 'dem Herrn Schulter an Schulter dienen' (Zef 3,9)."

Stellungnahmen

Eugene J. Fisher

Zuerst möchte ich der Aussage des Gesprächskreises, dass der (Katechismus der Katholischen Kirche) KKK nicht hinter die Aussagen des Zweites Vatikanum zurückfällt, bestätigen. Der Katechismus ist ein Dokument, das nicht vor dem Konzil hätte verfasst werden können. Es ist nicht seine Absicht, die katholisch-jüdischen Beziehungen (oder irgendeinen anderen theologischen Bereich) weiterzuentwickeln, sondern eher, die Lehre des Konzils zu vertiefen. Mit dieser Zielperspektive bezieht er sich auf Lehrdokumente der Kirche, z.B. auf die beiden Dokumente der Vatikanischen Kommission für die religiösen Beziehungen zum Judentum von 1974 und 1985, die im "Zwischenruf" zitiert werden, auch auf Aussagen Papst Johannes Pauls II. Diese Dokumente stellen ihrerseits den Rahmen dar, innerhalb dessen der KKK interpretiert und verstanden werden muss.

In diesem Zusammenhang muss man dem neuen Katechismus zugestehen, dass er nicht nur einige Zeilen aufwendet, um die traditionelle Fehlinterpretation der kollektiven Schuld der Juden am Tod Jesu als solche zu entlarven, sondern eine katechetische Würdigung des Artikels 4 des Glaubensbekenntnisses "gelitten unter Pontius Pilatus, gekreuzigt, gestorben ..." umfassend entwickelt. Die Nummern 574-598 liefern eine ausführliche Darstellung, warum der Katechet "die Juden" nicht kollektiv für den Tod Jesu schuldig machen kann. Die These von der Kollektivschuld der Juden erreichte ihren Höhepunkt im Catechismus Romanus; dies wurde anhand des Werkes von Jules Isaac über die "Lehre der Verachtung" - inzwischen ein Klassiker - bekannt. Theologisch gesprochen sind alle Sünder "Urheber und Vollstrecker aller Strafen (...), die Christus erlitt", besonders wir Christen, die wir sündigen, obwohl wir wissen, dass dem so ist (598). Die Fehlinterpretation der Kollektivschuld wurde von Prof. Isaac und "Nostra aetate" zutreffend als Herzstück der jahrhundertealten gehässigen Polemik gegen das Judentum identifiziert. Sie wird hier ausführlich widerlegt und verworfen.

Des weiteren gruppieren sich etliche Kritikpunkte des Gesprächskreises zum KKK um die Anwendung eines typologischen Schriftverständnisses und um eine Theologie der Erfüllung der Hebräischen Bibel im Neuen Testament. Die Kritik des "Zwischenrufs" trifft den Nagel auf den Kopf, dass hier nämlich eine Gelegenheit versäumt wurde, bei einem Bündel theologischer Schwierigkeiten die Flucht nach vorne anzutreten, die in den "Hinweisen" des Apostolischen Stuhls von 1985 sehr passend "ein Zeichen dafür, dass das Problem nicht gelöst ist" genannt wurden. Aber wenn auch der KKK das Problem nicht löst, sollte es meines Erachtens doch nicht als Hindernis auf dem kreativen Weg so vieler führender christlicher und jüdischer Theologen gesehen werden, die sich damit beschäftigen. Typologie und Erfüllungslehre an sich sind nicht das Problem. Typologie gibt es in der jüdischen Tradition und sogar in der Hebräischen Bibel, und Erfüllung ist eine notwendige theologische Aussage des Neuen Testaments und der christlichen Liturgie.

Meines Erachtens besteht das Problem tatsächlich in der Befürchtung, dass ein Verständnis der Hebräischen Bibel, das von Typologie oder Erfüllung ausgeht, zwangsläufig andere Interpretationsweisen wie etwa die historisch-kritische, die rabbinische oder sogar die mystische ausschließen soll. Der KKK drückt im Sinne der *Hinweise* von 1985 und im Sinne von *Dei Verbum* klar aus, dass er genau das nicht tut. Die Gültigkeit dieses Prinzips wird jedoch nicht dadurch aufgehoben, dass der KKK ihm in seiner Schriftverwendung keine konkrete Form gibt. Wir Christen können und müssen nach den Worten der *Hinweise* von 1985 lernen, "die Traditionen der jüdischen Lektüre (und ihr aktuelles Bibelverständnis, E.F.) differenziert und mit Gewinn aufzunehmen". Meines Erachtens wäre es ein Fehler, den KKK dahingehend zu lesen, dass er in diesem entscheidenden Punkt des Dialogs eine Tür schließe und die Integration der Dialogergebnisse in die katholische Bildungs- und Erziehungsarbeit verhindere.

Ich würde deshalb einige Formulierungen des "Zwischenrufs" kritisch hinterfragen, z.B. den Vorwurf, dass der KKK im biblischen Judentum Vorbilder der Geschehnisse des Neuen Testamentes sieht und "dass das Jüdische dabei seinen Eigenwert verliert oder zur Vorstufe des

Christentums wird". Oder an anderer Stelle: "Diese Art der Typologie muss notwendigerweise dazu führen, dass die Hebräische Bibel als unvollkommene Vorform zum Neuen Testament erscheint". Dies könnte nur geschehen, wenn der KKK die einzig verfügbare Quelle für die Praxis wäre. Dem ist aber nicht so. Die Aussagen Papst Johannes Pauls II., des Apostolischen Stuhls und der Bischofskonferenzen auf der ganzen Welt sind und bleiben offizielle kirchliche Lehre. Der KKK beabsichtigt nicht, die normative Lehre der Kirche zu ersetzen, vielmehr sie zu vertiefen und für unterschiedliche kulturelle Situationen zu adaptieren. Ein Verständnis des neuen Katechismus als eine Art Codex Iuris Canonici der katholischen Lehre oder sogar als moderne Summa Theologica wird ihm nicht gerecht.

Ich möchte den Leser dringend bitten, ein neues Verständnis der Kategorie der Erfüllung zu erarbeiten, welches das Kerygma der Evangelien erhält, ohne gleichzeitig der allzu bekannten Gefahr anheim zu fallen, Erfüllung auf Substitution zu reduzieren. Der KKK verurteilt laut Gesprächskreis deutlich die Substitutionstheorie und würdigt die unwiderrufliche Auserwählung der Juden als Volk Gottes. Wie kann dies theologisch artikuliert und katechetisch gelehrt werden? Obwohl der Katechismus diese großen Fragen unserer Zeit nicht beantwortet, legt er doch den fortlaufenden Bemühungen von Theologen und Bibelwissenschaftlern keine Steine in den Weg.

Ein kurzes Beispiel soll hier genügen. Der "Zwischenruf" bezieht sich zweimal kritisch auf den Abschnitt 674 des KKK und zeigt, dass er hier "den Juden die Verantwortung für den Anbruch bzw. das Ausbleiben der Endzeit auferlegt". Offen gesagt fand ich diesen Abschnitt besonders rätselhaft. Während nämlich zunächst der Bezug auf Röm 11,20-26 diese These unterstützt, wird sie durch den abschließenden Bezug auf Röm 11,12.25 konterkariert. Nach Paulus wird ja nicht den Juden, sondern den Heiden die Verantwortung angelastet: "Der Eintritt der 'Vollzahl der Juden' in das messianische Reich im Anschluss an die 'Vollzahl der Heiden' wird dem Volk Gottes die Möglichkeit geben, das 'Vollmaß Christi' zu verwirklichen, in dem 'Gott alles in allem' sein wird." Wie man diesen Absatz interpretiert, hängt vom jeweiligen

Gesamtverständnis des Römerbriefs ab. Der Katechet wird sich deshalb dem eschatologischen Rätsel des Paulus stellen müssen.

Abschließend möchte ich den Lesern dieser Stellungnahme die katechetischen Schlüsselprinzipien ans Herz legen, die sich meines Erachtens aus dem KKK ergeben: grundlegende katechetische Prinzipien des KKK hinsichtlich der Darstellung des Judentums.

Es scheint offensichtlich, dass der Katechismus mit den wichtigsten Elementen der "Lehre der Verachtung" brechen will, welche die Juden als von Gott gestraftes und verfluchtes Volk für ihre angebliche Kollektivschuld am Tod Jesu sah ("Gottesmord") und den jüdischen Glauben und auch das Wort Gottes in der Hebräischen Bibel (dem "alten Gesetz") ständig verunglimpfte. Diese ausdrückliche Absicht, mit der Polemik der Vergangenheit zu brechen, wird in den Aussagen und neuen Formulierungen im ganzen Katechismus deutlich. Dies stellt geradezu seinen Verständnishorizont dar:

1. Das kirchliche Verständnis des Volkes Gottes, der Juden, wird grammatikalisch in Gegenwartsform, nicht in Vergangenheit ausgesagt. "Israel ist das priesterliche Volk Gottes, über dem 'der Name des Herrn ausgerufen ist' (Dtn 28,10). Es ist das Volk derer, 'zu denen Gott zuerst gesprochen hat', das Volk der 'älteren Brüder' im Glauben Abrahams" (63).

2. Auf welche Weise auch immer einzelne Personen historisch beteiligt gewesen sein mögen: Die Juden sind für den Tod Jesu nicht kollektiv verantwortlich (597). Dass der KKK auf diesem Leitsatz und seinen zahlreichen Auswirkungen für die lehrhafte Darstellung des Neuen Testamentes besteht, wird durch die ausführliche Behandlung des Themas unter Artikel 4 des Glaubensbekenntnisses "gelitten unter Pontius Pilatus, gekreuzigt..." (571-630) umgesetzt. Unter dieser umfassenden Überschrift, die gezielt die traditionelle "Lehre der Verachtung" zurückweist, thematisiert der Katechismus die Beziehung Jesu zum Glauben seines Volkes (Israel, Gesetz und Tempel: 574-586); darauf werde ich später noch einmal zu sprechen kommen.

3. Gottes Bund mit den Juden ist "unwiderruflich" (839-840, 2173).

Der Neue Bund hat den "Ersten Bund" weder aufgehoben noch ersetzt (522). Der Katechismus wird da eindeutig: "Der Alte Bund ist nie widerrufen worden" (121). Dies nimmt auf eine außergewöhnliche Ansprache Papst Johannes Pauls II. vor Vertretern der Juden in Mainz Bezug, wo er kühn den aktuellen Dialog zwischen Kirche und Judentum mit der Beziehung zwischen Altem und Neuem Testament verglich: "Die erste Dimension dieses Dialogs, nämlich die Begegnung zwischen dem Gottesvolk des von Gott nie gekündigten (vgl. Röm 11, 29) Alten Bundes und dem des Neuen Bundes, ist zugleich ein Dialog innerhalb unserer Kirche, gleichsam zwischen dem ersten und zweiten Teil ihrer Bibel" (17. November 1980).

4. Die Hebräische Bibel muss "als wahres Wort Gottes" dargestellt werden, mit der ihr eigenen, bleibenden Integrität und Würde. Wie der Katechismus sagt: "Den Gedanken, das Alte Testament aufzugeben, weil das Neue es hinfällig gemacht habe (Markionismus), wies die Kirche stets entschieden zurück" (123). Deswegen sollte die "Einheit des Planes Gottes" (140) betont werden. So stellten es auch die "Richtlinien" von 1974 dar: Die Hebräische Bibel und die jüdische Tradition dürfen nicht gegen das Neue Testament ausgespielt werden, so dass erstere als Religion der vergeltenden Gerechtigkeit, von Furcht und Gesetzesstreben erscheinen, ohne das Ideal der Gottes- und Nächstenliebe (Dtn 6,5; Lev 19,18: Hos 11, Mt 22).

5. Während Christen gültig in der Hebräischen Bibel "Vorformen dessen, was Gott dann in der Fülle der Zeit in der Person seines menschgewordenen Wortes vollbracht hat" (128) sehen, sind Typologie und Erfüllung doch nicht die einzig gültigen Interpretationsweisen der Hebräischen Bibel. "Diese typologische Lesung fördert den unerschöpflichen Sinngehalt des Alten Testaments zutage. Sie darf nicht vergessen lassen, dass dieses einen eigenen Offenbarungswert behält, den unser Herr selbst ihm zuerkannt hat" (129). Dieser Absatz des Katechismus reflektiert Kapitel I der *Hinweise für eine richtige Darstellung von Juden und Judentum in der Predigt und in der Katechese der katholischen Kirche* von 1985,

die sich ausführlich "mit der Beziehung zwischen den Testamenten" beschäftigen. Die "Hinweise" nötigen Katecheten, "die Traditionen der jüdischen Lektüre (in der alten wie der modernen Zeit, E.F.) differenziert und mit Gewinn aufzunehmen". Die Aufgabe, die Ergebnisse des Dialogs mit dem Judentum in die Bildungsarbeit zu integrieren, wurde auch in unserem Land gerade erst in Angriff genommen. Gleichermaßen folgt der KKK der Tradition in der Unterscheidung eines mehrfachen Schriftsinns: Der wörtliche (der durch die historisch-kritische Exegese erhobene) und der geistliche Sinn (allegorisch, moralisch und anagogisch), wobei die letzten drei auf dem ersten basieren (115-119).

6. Der KKK betont in zwei Abschnitten (839-840) das Wesentliche über "das Verhältnis der Kirche zum jüdischen Volk". Im ersten Abschnitt spiegelt sich "Nostra aetate", die Papstrede 1986 in der Synagoge von Rom und die Fürbitte für das jüdische Volk aus der erneuerten Karfreitagsliturgie des römischen Missale. "Indem die Kirche, das Gottesvolk im Neuen Bund, sich in ihr eigenes Mysterium vertieft, entdeckt sie ihren Zusammenhang mit dem jüdischen Volk, 'zu dem Gott, unser Herr, zuerst gesprochen hat'. Im Unterschied zu den anderen nichtchristlichen Religionen ist der jüdische Glaube schon Antwort auf die Offenbarung Gottes im Alten Bund". Wie im Konzilsdokument werden Röm 9,4-5 und 11,29 im Anschluss daran zitiert. Hier wird die einzigartige Beziehung deutlich, die das Konzil das bleibende "geistliche Band" zwischen Kirche und Judentum nannte und deretwegen der Papst die Juden als unsere "älteren Brüder" im Glauben bezeichnete - grammatikalisch in der Gegenwartsform und nicht als ein vergangenes Geschehen, das sich in der Zeit des Neuen Testamentes erschöpfte (siehe auch 63). Die Gültigkeit nicht nur des "Alten Bundes", sondern auch des aktuellen jüdischen Glaubens und seiner Ausübung als einer "gläubigen Antwort auf die Offenbarung Gottes" wird anerkannt.

7. Die Verantwortlichen für die Verkündigung müssen über Vergangenheit und Gegenwart hinausschauen, wenn sie von "Erfüllung" reden, und ihre Lehre mit eschatologischer Dringlichkeit ein-

schärfen. "Blickt man auf die Zukunft, so streben das Gottesvolk des Alten Bundes und das neue Volk Gottes ähnlichen Zielen zu: der Ankunft (oder der Wiederkunft) des Messias." Im Rahmen einer genauen Kenntnis der Unterschiede zwischen Juden und Christen (und auch innerhalb der beiden Religionsgemeinschaften) in Bezug auf die Messiashoffnung kann die Erfüllungstheologie des Katechismus eher befreiend und herausfordernd sein als ausschließend und substituierend, wie auch der Abschnitt der *Hinweise* von 1985 besagt, auf den sich der Katechismus an dieser Stelle bezieht: "Aufmerksam horchend auf denselben Gott, der gesprochen hat, hangend am selben Wort, haben wir ein gleiches Gedächtnis und eine gemeinsame Hoffnung auf Ihn, der der Herr der Geschichte ist, zu bezeugen. So müssten wir unsere Verantwortung dafür wahrnehmen, die Welt auf die Ankunft des Messias vorzubereiten, indem wir miteinander für soziale Gerechtigkeit und ... internationale Versöhnung wirken. Dazu drängt uns, Juden und Christen, das Gebot der Nächstenliebe, eine gemeinsame Hoffnung auf das Reich Gottes und das große Erbe der Propheten." Diese Aussagen der Kommission des Heiligen Stuhls stehen für zahlreiche ähnliche päpstliche Aussagen der letzten Jahre.

8. Mit Hinweis auf die Ansprache Papst Johannes Pauls II. an die Bischofssynode in Rom (6. März 1982) und die *Hinweise* von 1985 erklärt der Katechismus: "Eine bessere Kenntnis des Glaubens und des religiösen Lebens des jüdischen Volkes, wie sie noch heute bekannt und gelebt werden, kann zu einem besseren Verständnis gewisser Aspekte der christlichen Liturgie verhelfen" (1096). Derselbe Abschnitt fährt fort, die jüdischen Wurzeln christlicher Liturgie aufzuzeigen: die Verkündigung des Wortes Gottes, die Antwort auf dieses Wort als Lobgebet und die Fürbitte für die Lebenden und die Toten, die Form des Wortgottesdienstes und des Stundengebets, zentrale Gebete wie das Vaterunser, die großen Feste der Kirche und das liturgische Jahr an sich, besonders das Pessachfest, das "beide feiern": "die Juden das auf die Zukunft ausgerichtete geschichtliche Pessach; die Christen das im Tod und in der Auferstehung Christi in Erfüllung gegangene, wenn auch noch stets auf die endgültige Vollendung harrende

Pascha". Wieder ruft der eschatologische Vorbehalt (schon - noch nicht) Juden und Christen in einen Dialog gegenseitiger Versöhnung, gemeinsamer Erwartung und Zusammenarbeit, um die Welt auf das Reich Gottes vorzubereiten, eine Aufgabe, welche die Juden "tikkun olam" - Erneuerung der Welt - nennen. Nochmals: Damit in der Praxis der spirituelle Reichtum der jüdischen liturgischen Tradition als Quelle für das tiefere Verständnis nicht nur Jesu, sondern auch der nachbiblischen christlichen liturgischen Entwicklung erschlossen werden kann, müssen noch eingehende Forschungsarbeiten zu den jüdischen Quellen und entsprechender Glaubenspraxis über die Jahrhunderte hinweg auf allen Ebenen der katholischen Lehre und Erziehung geleistet werden.

James L. Heft

Als katholischer Theologe leite ich seit sieben Jahren eine katholische Universität, die sich seit zwanzig Jahren am jüdisch-katholischen Dialog beteiligt. In diesem Dialog bin ich auch persönlich engagiert; ich habe einige Aufsätze dazu veröffentlicht. Meine Absicht hier ist eine doppelte: erstens, über den "Zwischenruf" nachzudenken, und zweitens, dies als Amerikaner zu tun.

Zunächst einige allgemeine Bemerkungen über die Veröffentlichung des Katechismus in den Vereinigten Staaten und seine dortige Rezeption. Wie vielen bekannt ist, wurde der Katechismus ursprünglich auf Französisch geschrieben, im Juni 1992 vom Papst genehmigt und dann bald ins Italienische und Spanische übersetzt. Nach etlichen Kontroversen hauptsächlich zum Thema "inclusive language" - einem speziellen Problem englischsprachiger Länder wie auch allgemein akademischer Kreise - wurde sein offizieller englischer Text im Herbst 1994 veröffentlicht.

Die Stellungnahmen amerikanischer Theologen zu früheren Entwürfen dieses Katechismus waren häufig negativ. Eine ganze Nummer (3. März 1990) der von Jesuiten herausgegebenen Wochenzeitschrift *America* enthielt dazu Essays von fünf Theologen und einem Bischof. Mindestens zwei voluminöse Aufsatzsammlungen wurden über den KKK veröffentlicht.

Als dann die genehmigte Fassung erschien, gab es in der Presse weitverbreitete Kritik zum Fehlen inklusiver Sprache. Trotzdem erschienen allmählich auch positivere und das Wesentliche berührende Bewertungen. Tausende Exemplare KKK wurden verkauft. Universitäten hielten Symposien zu diesem Thema ab. Die Diözesen organisierten vielerorts Fortbildungen des für Religionslehrer, um sie mit den Inhalten vertraut zu machen. Einige Vertreter der Linken blieben kritisch; Vertreter der Rechten wollten den neuen Katechismus als Lehrbuch für den Religionsunterricht an High School und College einsetzen. Viele sahen ihn letztendlich dennoch so, wie er intendiert war: als ein Kompendium, ein Nachschlagewerk der offiziellen katholischen Lehre.

*

Juden und Judentum im neuen Katechismus der Katholischen Kirche

Die besonnene und differenzierte Stellungnahme des Gesprächskreises zum Thema, wie Juden und Judentum im KKK behandelt werden, hat mich beeindruckt. Die Literatur zu diesem Thema in den Vereinigten Staaten deckt nahezu die gleichen Punkte ab, aber mit weniger Prägnanz als der "Zwischenruf". Bezeichnenderweise herrscht Konsens über die gelungenen Punkte der Darstellung im KKK: Er fällt nicht hinter die Aussagen des Zweites Vatikanums zurück, spricht deutlich von der Unwiderruflichkeit des Bundes zwischen Gott und den Juden, liefert ein positives Bild der jüdischen Identität Jesu und der Pharisäer und lehnt kategorisch die Idee einer Kollektivschuld der Juden am Tod Jesu ab. Soweit ich sehe, besteht darüber hinaus allgemeiner Konsens darüber, dass der KKK versucht, neben den Lehraussagen des Zweiten Vatikanums über die Juden auch die Dokumente der "Vatikanischen Kommission für die religiösen Beziehungen zum Judentum" von 1974 und 1985 aufzugreifen, ohne jedoch über sie hinauszugehen und ohne einige der noch bestehenden Schwierigkeiten zu lösen. Dr. Eugene Fisher, Leiter der Kommission für christlich-jüdische Beziehungen der Amerikanischen Bischofskonferenz, veröffentlichte etliche Artikel, welche die Rezeption der Katechismus-Aussagen über das Judentum von Seiten der "theologischen Mitte" zusammenfassen.

Der "Zwischenruf" legt viele Schwächen in der Behandlung des Themas Judentum im KKK offen, besonders insofern ein typologisches Schriftverständnis den Eindruck erwecken kann, dass Israel seine Existenzberechtigung verloren habe, da das neue Israel, die Kirche, ins Leben getreten sei.

Auf Englisch sprechen wir dann von der Theorie des "Supersessionism" - Substitutionstheorie -, das heißt jener Lehre, die besagt, dass das Judentum keine Existenzberechtigung mehr nach der Zeit Jesu habe. Die Kritiker des Katechismus sehen diese Substitutionstheorie in Aussagen enthalten wie: "Das Neue Testament ist die Erfüllung des Alten Testamentes" und: "Die Kirche löst die Juden als Volk Gottes ab".

Zweifellos hat das typologische Schriftverständnis eine Schattenseite. Die Kirchenväter wendeten häufig die Typologie an, und historisch gesehen heizte dies die "Lehre der Verachtung" tatsächlich noch an, die sich dann in verschiedenen, für die Juden mörderischen Feuern in der ganzen Geschichte des Christentums zeigte und in der massiven Feuersbrunst der Schoa ihren Höhepunkt erreichte. Die Wurzeln der Substitutionslehre können laut Verweis des Gesprächskreises bis auf den "kirchlichen Antijudaismus" der genuinen Aussagen des Neuen Testamentes, besonders des Johannes-Evangeliums, zurückverfolgt werden.

Die Folgen solcher Typologie könnten teilweise dadurch korrigiert werden, dass man sich auf die Glaubensinhalte konzentriert, die Christen und Juden verbinden: auf den Glauben an den einen Gott, der gnädig und barmherzig ist, an einen Gott, der seinem Volk vergibt. Darüber hinaus würde ein positives Bild des zeitgenössischen Judentums, welches das Judentum als eine lebendige religiöse Tradition anerkennt, dazu beitragen, die negative Kraft der Typologie zu mildern. Schließlich würde der wohlbegründete Hinweis, dass die besondere Beziehung der Kirche zum Judentum konstitutiv für ihre eigene Identität ist, deutlich machen, dass die Zeit des Judentums nicht vorbei ist, sondern fortbesteht.

Zwei Gedanken zum Schluss, die mir beim Lesen kamen. Beide beziehen sich auf den letztgenannten der drei Mängel im neuen KKK. Ich stimme zu, dass der Katechismus einen sehr positiven Einfluss hätte ausüben können, wenn er aufgezeigt hätte, dass sich Juden und Christen besonders heute und besonders in der westlichen Welt einer gemeinsamen Herausforderung stellen müssen. Beide trifft diese Herausforderung innerhalb ihrer wohlhabenden Gemeinden und im Gegenüber zu einer nichtglaubenden Öffentlichkeit. Dies wurde eindringlich vom Oberrabbiner Englands, Dr. Jonathan Sacks, dargelegt. In einer Rede in London im September 1995 anlässlich des ersten Abends des *Selichot*, des Bußtages, der dem jüdischen Neujahrsfest vorausgeht, führte Sacks aus, dass der Rückkehr ins Gelobte Land, die des Zionismus brachte, eine Glaubenskrise folgte: "Vor hundert Jahren waren wir gläubig, aber ohne Land. Heute haben wir ein Land, aber was ist mit unserem Glauben geschehen?" Er fuhr fort: "Wir wissen, warum im 15.

Jahrhundert die Juden in Spanien ihre Gemeinden oder im 19. Jahrhundert jene in Deutschland und Russland ihre Heimat verließen. Sie fürchteten um ihr Leben. Heute sind Juden frei, anerkannt und erfolgreich; darüber hinaus haben wir ein Zuhause. Möglicherweise wird sich als die größte Gefahr für das Überleben des jüdischen Volkes - Gott möge es verhüten - nicht das nationalsozialistische Regime und die Sowjetherrschaft herausstellen, sondern unsere eigene Gleichgültigkeit." Sacks beklagte weiterhin "den Verlust jüdischer Werte in unserem Leben" und "die Kluft zwischen der religiösen Minderheit und der säkularen Mehrheit, wobei beide Gruppen von Jahr zu Jahr extremer werden." Die Antwort, die er darauf dem ganzen jüdischen Volk gab, war, "zu Gott heimzukehren" (The Tablet, 23. September 1995).

Dasselbe gilt auch für die meisten Katholiken im Westen. Nie zuvor waren so viele Katholiken so wohlhabend. Und nie zuvor war die Gefahr des Glaubensverlustes größer. Diesbezüglich stehen Katholiken und Juden vor einem tiefgreifenden, gemeinsamen Problem: dem des echten Glaubens angesichts einer Welt, die sich der Religion gegenüber größtenteils uninteressiert zeigt. Hätte der KKK eine solche Aussage gemacht, dann hätte er Katholiken und Juden vor die gleiche Herausforderung gestellt.

"Wie reden über Schuld, Leid und Versöhnung?" - mit dieser Schwierigkeit hat die zweite Beobachtung zu tun. Der jüdisch-christliche Dialog in den Vereinigten Staaten beschäftigt sich wenig mit dieser existentiellen Angst, die in der Seele der Christen in Deutschland seit sechzig Jahren besonders verwurzelt ist. Bei uns wird die Diskussion auf katholischer Seite oft von verschiedenen theologischen, auf jüdischer Seite eher von verschiedenen politisch-religiösen Themen dominiert. Während unsere Reaktion auf das Thema Judentum im KKK der des "Zwischenrufs" recht ähnlich war, wird die existentielle Beziehung zwischen Juden und Christen in den Vereinigten Staaten weniger von den Geschehnissen der letzten sechzig Jahre geprägt. So kamen sich Katholiken und Juden näher, als in den späten zwanziger Jahren die Kampagne des Katholiken Al Smith bei der Präsidentschaftswahl in Amerika auf eine starke antikatholische Stimmung stieß; damals bildeten beide Gruppen eine Organisation, um gegen rassistische und religiöse Vorurteile anzugehen, die "National Conference of Christians and Jews", jetzt "The National Conference". Diese Organisation beobachtet weiterhin die Situation und wird als politische Kraft im ganzen Land wahrgenommen.

*

Ein anderer engagierter Teilnehmer des jüdisch-christlichen Dialogs ist Fr. John Pawlikowski, Professor für Sozialethik an der "Catholic Theological Union" in Chicago. Vor kurzem schrieb er über die drei Phasen, die der jüdisch-christliche Dialog in den Staaten durchlaufen habe. Die erste Phase bezeichnet er als "Reinigungsphase". Von der Lehre des Zweites Vatikanum über die Juden ausgehend untersuchte man in dieser Zeit Lehrtexte, die in katholischen Handbüchern verwendet wurden, und entfernte daraus die Passagen, die deutlich die Substitutionslehre vertraten. Die zweite Phase - in manchen Fällen zeitlich noch vor dem Zweites Vatikanum anzusetzen - hat mit neuen Ansätzen in der christlichen Exegese zu tun, die der Hebräischen Bibel (dem "Alten Testament") einen eigenständigen Wert zusprachen. Diese Bewegung unter Wissenschaftlern hat es Christen wie nie zuvor ermöglicht, die jüdische Identität Jesu und das Judentum seiner Zeit zu würdigen. Die dritte Phase, so fährt Pawlikowski fort, beginnt erst jetzt. Sie besteht in der Bemühung, die Beziehung zwischen Kirche und Judentum in fundamentaler Weise neu zu überdenken. Fortschritte in dieser dritten Phase werden uns meines Erachtens helfen, ein typologisches Schriftverständnis anzuwenden, ohne der Gefahr der Substitutionslehre anheim zu fallen und Jesus im christlichen Bekenntnis als die Erfüllung der Aussagen der biblischen Propheten zu sehen, ohne gleichzeitig die einzigartige Bedeutung dieser Prophezeiungen für das Judentum abzuschwächen. Dann wird es möglich sein, Jesus als den "Erlöser der Welt" zu bekennen und dabei doch die bleibende Gültigkeit und Notwendigkeit der Existenz der großartigen, lebendigen Tradition des Judentums zu würdigen.

Alan Mittleman

Der "Zwischenruf" des Gesprächskreises "Juden und Christen" analysiert präzise, dass der KKK von 1992 keine kohärent positive Beschäftigung mit dem Judentum entwickeln konnte. Der jüdische Leser des Katechismus kann nicht umhin, zwei miteinander im Konflikt liegende Tendenzen zu bemerken. Der Katechismus will sich deutlich in die Reihe der Vorgängerdokumente mit deren ehrlicher Würdigung des Judentums einreihen; d.h. der Katechismus will sich vom Antisemitismus distanzieren, Vorurteile abbauen und eine positive Bewertung des spirituellen Reichtums der jüdischen Tradition wie ihrer Beziehung zur Kirche fördern. Er will Katholiken dazu bringen, Juden als Gläubige anzuerkennen. Andererseits gelingt es dem KKK nicht, eine Theologie zu vermitteln, die diese ethische Grundposition begründet. Ethische und theologische Impulse stimmen nicht überein.

Diesbezüglich ist der KKK eine enger gefasste Version der 1985 veröffentlichten *Hinweise*. Wie der Verfasser bemerkten damals viele jüdische Kritiker dieses Dokuments, dass sich die *Hinweise* auf eine typologische Hermeneutik gründen und deshalb eine glaubhafte Würdigung des Judentums unterlaufen; so unterstützen sie die Substitutionstheorie, wie qualifiziert und nuanciert diese auch sein mag. Wenn der innere, göttlich intendierte Bezugspunkt der Hebräischen Bibel das Neue Testament ist, wie es die *Hinweise* und der KKK lehren, dann geht die rabbinische Interpretation der Thora - das Herz und Zentrum des Judentums! - am Wesentlichen vorbei. Genau an diesem Punkt wird das Ethos des Dokuments, nämlich ein vorurteilsfreies Bild der Pharisäer wiederherzustellen, durch eine Theologie untergraben, die deren jüdische Position als unhaltbar ablehnt.

Der katholische Wissenschaftler Hans Hermann Henrix bemerkte zu den *Hinweisen* von 1985, dass sie eine "christologische Dialektik von Ja und Nein zu Israel" enthielten. Henrix geht auf die Inkohärenz, auf die ich hingewiesen habe, ein und wertet sie als Interpretationsprinzip in dem Sinne, dass die Antwort der Kirche an Israel zwangsläufig dialektisch sein müsse. Am optimistischsten lautet das dann noch: "So wird man vielleicht doch von einem Ja sprechen können, welches das Nein umgreift; es ist ein Ja nicht ohne das Nein, aber das Nein bleibt im Ja integriert." Diese Beurteilung scheint meines Erachtens auf den KKK gleichermaßen anwendbar.

Wenn es aber stimmt, dass Inkohärenz, Dialektik und Ambivalenz eher strukturelle als zufällige Merkmale kirchlicher Theologie sind, erhebt sich die Frage, auf welche Basis die Autoren des "Zwischenrufs" dann ihre Kritik am KKK stellen. Wenn es an bestimmten Punkten auch weitergehen kann, wie weit kann es im letzten gehen? Kann (oder soll) die Kirche die Juden sehen, wie diese sich selbst sehen wollen? Ist dies das Ideal, das Theologie postulieren soll? Oder muss die Kirche auf ihrer Dialektik von Ja und Nein gegenüber Israel beharren, um Kirche zu bleiben? Dies sind die radikalen Fragen, die "netzach jisrael" - die Ewigkeit Israels - stellt, die aber der KKK nur vage aufgreift.

Juden und Judentum im neuen Katechismus der Katholischen Kirche

Michael A. Signer

Als Jude schreibe ich nur mit einigem Zögern über den "Zwischenruf" des Gesprächskreises. Der "Katechismus der Katholischen Kirche" ist ein katholisches Dokument und als solches für Katholiken bestimmt. Laut Vorwort von Papst Johannes Paul II. soll der Katechismus als normativer Rahmen für die Katechese der einzelnen Ortskirchen dienen. Wie soll ein Rabbiner eine kritische Stellungnahme zu einem solchen Dokument versuchen, das von einer derart hohen Autorität getragen wird?

Als Einstieg bietet sich die Tatsache an, dass der neue Katechismus intensive und heftige Diskussionen unter Katholiken sowohl während seiner Erarbeitungsphase als auch nach seiner Veröffentlichung hervorgerufen hat. Viele Stellungnahmen sind in Amerika erschienen. Sie haben Methode und Inhalt des Katechismus fundiert analysiert. Man könnte dem Katechismus tatsächlich zugute halten, dass er sehr ernsthafte Gespräche über die wesentlichen Inhalte des Katholizismus angestoßen hat und eventuell zu einer neuen Blüte der theologischen Literatur führen wird. Ein amerikanischer Wissenschaftler meinte, dass der neue Katechismus die Laien ermutigen werde, sich bewusst zu machen, was sie eigentlich glauben. Als Jude werde ich von jedem Dokument ermutigt, das eine ernsthafte Diskussion über religiöse Vorstellungen weckt und dadurch Menschen aufrüttelt, diese in ihr Leben zu integrieren.

Es scheint mir auch, dass der "Zwischenruf" den jüdisch-christlichen Dialog weiterbringt, der seit "Nostra aetate" in eine völlig neue Phase getreten ist. Diese neue, gerade erst dreißig Jahre alte Phase erlaubt es Juden und Christen, sich gleichsam als Partner innerhalb einer Familie zu verstehen - was noch vor 1965 unvorstellbar gewesen wäre. Meines Erachtens ist es schmerzlich, dass diese fruchtbaren Diskussionen erst lange nach dem kreativen Dialog zwischen protestantischem Christentum und dem Judentum in Deutschland beginnen konnten. Wie hätten Rabbi Leo Baeck, Franz Rosenzweig oder Martin Buber auf die Veränderungen innerhalb der katholischen Kirche nach der Schoa reagiert? Aus deren literarischem Erbe meine ich ableiten zu können, dass bei ihnen der "Zwischenruf" auf große Akzeptanz gestoßen wäre. Ich weiß auch, dass mein hochgeschätzter Lehrer, Rabbi Jakob Petuchowski, das Gefühl hätte, dass sich die Zeit seiner jahrelangen Lehrtätigkeit in Deutschland und seiner intensiven Kontakte mit deutschen katholischen Theologen gelohnt hat.

Der Gesprächskreis erkennt lobend an, dass der Katechismus die wichtigste theologische Entwicklung des Zweites Vatikanum aufrechterhält: Die Juden sind ein für allemal nicht schuldig am Tod Christi. Nr. 597 des Katechismus betont dies sowohl in der Überschrift als auch im Text. Aus jüdischer Perspektive genauso wichtig ist Nr. 598, wo die weiterführende theologische These aufgestellt wird, dass Christen durch ihre eigenen Sünden zum Tode Christi beigetragen hätten. Dieser Abschnitt ist wichtig, weil er keine Zweideutigkeit über die Bedeutung der Sünde für die Kreuzigung Christi zulässt und weil er das Judentum völlig aus der Schusslinie der Kreuzestheologie nimmt.

Ein weiteres positives Phänomen des Katechismus ist die Darstellung des Lebens Jesu im Kontext des Judentums (574-576). Der Katechismus betont die Einzigartigkeit Jesu innerhalb des Judentums seiner Zeit. Dies führt zu einer interessanten dialektischen Spannung der positiven und negativen Bewertung des Judentums der Zeit Jesu: Nr. 577-582 beinhalten eine negative Sicht zum jüdischen Gesetz der Zeitenwende, und gleichzeitig zeigen Nr. 583-586 eine positive Bewertung des Jerusalemer Tempels.

Man wird sicher von der Kirche erwarten, dass sie die Einzigartigkeit Jesu in bezug auf andere religiöse Gruppen seiner Zeit darstellt. Trotzdem überrascht es im Licht der äußerst differenzierten Literatur, die seitens jüdischer und christlicher Exegeten vorliegt, dass Thora und jüdische Observanz der Thora in solch negativem Licht dargestellt sind. Dies wird es für Christen erschweren, das Judentum als "Weg der Thora" zu verstehen. Rabbi Leon Klenicki hat im speziellen auf die Verwendung des Terminus "Gesetz" im Katechismus hingewiesen, das seines Erachtens gemäß dem hebräischen "Halacha", d.h. "Weisung auf Gott hin", hätte verstanden werden sollen.

Der Geist der Lehraussagen des Zweites Vatikanum über das Judentum kann auch in Nr. 839 gefunden werden, die den ersten Satz aus "Nostra aetate" wiederholt. Der nachfolgende Satz ist dann eine originäre Aussage des Katechismus und stärkt die positive Bewertung des Judentums angesichts der nichtchristlichen Religionen: "Im Unterschied zu den anderen nichtchristlichen Religionen ist der jüdische Glaube schon Antwort auf die Offenbarung im Alten Bund." Das Judentum, so hat es Papst Johannes Paul II. in vielen Ansprachen betont, nimmt einen einzigartigen Platz unter den nichtchristlichen Religionen ein: Es ist Teil der gemeinsamen Hinordnung auf Gott, die im Bund ihre eigene Struktur findet. - Der Katechismus schließt in Nr. 839 mit zwei Zitaten aus dem Römerbrief, die die einzigartige Position des Judentums betonen.

Diese positiven Aussagen werden in schmerzlicher, aber ernstzunehmender Weise von Nr. 840 konterkariert, was dem vorhergegangenen Abschnitt eine eschatologische Dimension hinzufügt. "Blickt man auf die Zukunft, so streben das Gottesvolk des Alten Bundes und das neue Volk Gottes ähnlichen Zielen zu: der Ankunft (oder der Wiederkunft) des Messias. Auf der einen Seite wird die Wiederkunft des gestorbenen und auferstandenen Messias erwartet, der als Herr und Sohn Gottes anerkannt ist; auf der anderen Seite erwartet man für das Ende der Zeiten das Kommen des Messias, dessen Züge verborgen bleiben - eine Erwartung, die freilich durch das Drama der Unkenntnis oder des Verkennens Jesu Christi begleitet wird."

Zwei Elementen dieses Abschnitts muss besondere Aufmerksamkeit gewidmet werden, da sie hinter die Lehre des Zweites Vatikanum über das Judentum zurückfallen. Der Terminus "Gottesvolk des Alten Bundes" wird zur Charakterisierung der Juden und "das neue Volk Gottes" als Beschreibung der Christen gewählt. Manche Theologen werden wohl behaupten, dass der Begriff "Gottesvolk des Alten Bundes" ein positiver Ausdruck der Achtung der Kirche vor dem Alten Bund sei, der nie widerrufen wurde. Trotzdem erhält dieser Ausdruck einen eher negativen Ton, wenn er in den Kontext des "neuen Volkes Gottes" gestellt wird, als ob das "neue" das "alte" ablösen würde. Der zweite störende Teil dieses Abschnitts ist der letzte Satz, der die Juden in ihrer eschatologischen Messiaserwartung beschreibt. Als Jude halte ich die

Beschreibung der klassisch-jüdischen Messiaserwartung im Katechismus, "dessen Züge bis zum Ende der Zeiten verborgen bleiben", für korrekt. Trotzdem klingt dieser Satz, der die jüdische Erwartung des Eschaton als "durch das Drama der Unkenntnis oder des Verkennens Jesu Christi begleitet" ansieht, anstößig und beleidigend. Die positive Bewertung des Judentums wird verraten, wenn jüdisches Leben in der Welt als weniger vollständig bezeichnet wird. Inwieweit weicht das vom mittelalterlichen Verständnis der Juden als "perfidi" ab, was zumindest einen schlimmen Mangel bezeichnet? Die Stellungnahme des Gesprächskreises betont auch die schwankende und widersprüchliche Eschatologie im Katechismus, besonders in ihrem Verweis auf Nr. 762. Hier entsteht der Eindruck, dass der Bund mit Israel tatsächlich gebrochen und durch die Kirche abgelöst wurde; so auch Nr. 674, wo den Juden Verantwortung für den Anbruch bzw. die Verzögerung der Endzeit zugeschrieben wird.

In diesem Sinne bringt die Bewertung des Katechismus durch den Gesprächskreis, dass nämlich "der KKK hinter den Erwartungen zurückbleibt, die man heute an ihn stellen muss", auch meine Enttäuschung zum Ausdruck. Ich unterstütze entschieden die Kritik des "Zwischenrufs" am Katechismus bezüglich des Fehlens einer positiven Darstellung des Judentums. Es wurde keine Anstrengung unternommen, die Glaubensinhalte, die dem Judentum und Christentum gemeinsam sind, zu verdeutlichen. Im Katechismus sucht man vergeblich nach einer positiven Bezugnahme auf das rabbinisch geprägte Judentum der nachbiblischen Zeit, die die tatsächliche jüdische Religion seit der Zeit der Kirche ist. Fr. Gerard Sloyan, ein amerikanischer Exeget, argumentierte, dass "die christliche Religionsgemeinschaft faktisch den Juden jede Existenzberechtigung abspricht, weil sie diese nur als Phänomen der Geschichte, nicht aber als eines der Gegenwart wahrnimmt." Es scheint, als ob die Verfasser des Katechismus die vielen positiven Stellungnahmen der Päpste von Johannes XXIII. bis Johannes Paul II. nicht berücksichtigt hätten, ebenso wenig die Dokumente der Vatikanischen Kommission für die religiösen Beziehungen zum Judentum, besonders die *Hinweise für eine richtige Darstellung von Juden und Judentum in der Predigt und in der Katechese der katholischen Kirche* von 1985. Theologen wie Dr. Eugene Fisher und Sr. Mary Boys SJNM haben auf die fehlende

Rezeption der *Hinweise* im KKK verwiesen. Sr. Boys spricht von der Ironie, "dass man das frühere Dokument (die *Hinweise* von 1985, M.S.) als Infragestellung des neuen Katechismus lesen könnte." Ich finde es seltsam, dass der Katechismus keine der positiven Stellungnahmen von Bischofskonferenzen in den Vereinigten Staaten, Europa oder in Lateinamerika zum Judentum erwähnt. Schade, dass die dreißig Jahre der produktiven Kooperation zwischen Christen und Juden so wenig Einfluss auf den Katechismus hatten!

Der "Zwischenruf" betont noch einen anderen wichtigen Kritikpunkt am neuen Katechismus: die Behandlung der Beziehung zwischen den beiden Testamenten der christlichen Bibel. Während einerseits der eigenständige Wert des Alten Testamentes in Nr. 121-123 gewürdigt wird, wird das Alte Testament andererseits als erst durch das Neue Testament "vollendet" beschrieben. Dies ist nach Nr. 1963 sogar das hermeneutische Prinzip des ganzen Katechismus: "Gemäß der christlichen Überlieferung ist das heilige, geistige und gute Gesetz noch unvollkommen". Eine andere Formulierung desselben Gedankens liegt in Nr. 1967 vor: "Das Gesetz des Evangeliums 'erfüllt', verfeinert, überragt und vervollkommnet das alte Gesetz". Schließlich ist das Gesetz "Zuchtmeister", um das Volk zu Christus zu führen (708). Diese Aussage stützt sich natürlich auf Gal 3,24; aber es dürfte schwierig sein, Christen zu lehren oder Juden davon zu überzeugen, dass die katholische Kirche das Judentum hochschätzt, wenn gleichzeitig die Basis der jüdischen Offenbarung als "unvollkommen" beschrieben wird. Dies mag zwar historisch gesehen eine vollkommen zutreffende Beschreibung des christlichen Verständnisses des Gesetzes als göttlicher Offenbarung sein. Dennoch frage ich mich, warum der Katechismus ein so stark apologetisches Thema, bei dem sich die Kirche anscheinend in die Defensive gedrängt fühlt, anschneiden muss.

Aus der Kritik des Verhältnisses zwischen den beiden Testamenten ergeben sich ernsthafte Fragen des Gesprächskreises und amerikanischer Theologen, wie das typologische Schriftverständnis als hermeneutisches Prinzip des Katechismus angewandt wird. Nach Erscheinen der *Hinweise* 1985 zeigten sich viele jüdische Theologen diesbezüglich besorgt. Auch christliche Theologen teilten diese Zweifel über die Darstellung der Typologie in den *Hinweisen*. Der KKK würde ihre anfänglichen Eindrücke bestätigen. Wenn das Alte Testament "unvollkommen" ist, dann dient es nur als Schatten der Wirklichkeit, die sich im Neuen Testament Bahn bricht. Dieser Typologie-Gebrauch erscheint im Hebräerbrief und in nachapostolischen Schriften wie dem Barnabasbrief, der Didache und der Traditio Apostolica. Die schwarze Seite der typologischen Interpretation der frühen Kirche wird in der Pascha-Homilie des Meliton von Sardes deutlich. Die positiven Aussagen über das Judentum im Katechismus stellen zwar einen Schutzschild gegen ein solch negatives Bild des Alten Testamentes dar. Trotzdem ist die Wahrscheinlichkeit hoch, dass unkritische Leser die Kapitel über die Hebräische Bibel schnell überblättern und im Kapitel über die Kirche weiterlesen. Die Gefahr des Markionismus ist deswegen immer bei der Lektüre solcher Abschnitte im Katechismus gegeben, die sich auf die Sakramente und das Leben der Kirche konzentrieren.

Tragisch ist es, dass die Leser des neuen Katechismus nicht an das vorbildlich differenzierte Verständnis von Typologie in der Stellungnahme der Päpstlichen Bibelkommission von 1994 herangeführt werden: "Vor allem aber liest die Kirche das Alte Testament im Lichte des österlichen Geschehens - Tod und Auferstehung Jesu Christi. Das führt zu etwas grundlegend Neuem und verleiht den Heiligen Schriften mit souveräner Autorität einen entscheidenden und definitiven Sinn (Dei verbum, 4). Diese neue Sinnbestimmung gehört voll und ganz zum christlichen Glaubensgut. Trotzdem darf sie deshalb der älteren, kanonischen Interpretation, die dem christlichen Osterglauben vorausging, nicht jede Bedeutung absprechen. Denn jede Phase der Heilsgeschichte muss auch in ihrem Eigenwert geachtet werden. Das Alte Testament seines Sinnes zu entleeren, hieße das Neue Testament von seinen geschichtlichen Wurzeln abschneiden."

Als Jude würde ich nie von Christen erwarten, dass sie ihre eigene Lesart der Hebräischen Bibel im Licht des Kerygmas der Evangelien hintanstellen. Dennoch gilt, was die Päpstliche Bibelkommission betont: "Jede Phase der Heilsgeschichte muss auch in ihrem Eigenwert geachtet werden." Wenn der Katechismus einfache Übereinstimmungen zwischen Ereignissen der christlichen Bibel als typologisches Grundmuster wertet, entleert er die christliche Tradition eines Teils ihres reichen Erbes. So argumentierte auch Sr. Boys: "Der 'KKK' verwendet eine Typologie, die eigentlich eine Weise der Liturgie und Poesie ist, und verwandelt sie in Prosa und Informationsübermittlung." Wenn Poesie in Prosa umgeformt wird, verliert sie die Kraft, den menschlichen Geist zu verwandeln.

Wenn ich über den KKK nachdenke, vertraue ich darauf, dass meine katholischen Kollegen in Europa, Nordamerika und Lateinamerika, die so intensiv am Dialog beteiligt waren, ihn sinnvoll auslegen werden. Sie hatten sich an Juden gewandt um Hilfe für ein besseres Verständnis des Judentums, um ein tieferes Verständnis jenes Volkes, das Gottes Wort in der Welt lebt. Meine Sorge gilt den Katholiken, deren einzige Handreichung zum Judentum der KKK sein wird. Welche Haltung werden in den entferntesten Ecken Afrikas und Asiens die vielen Katholiken, die nie im Leben einem Juden begegnen werden, gegenüber dem Judentum einnehmen? Werden sie von Katholiken lernen, die bereits Erfahrungen mit dem Judentum machen konnten? Oder werden sie einfach den KKK mit all seinen Spannungen und Widersprüchen lesen, die der "Zwischenruf" offengelegt hat? Meine Hoffnung richtet sich darauf, dass die Kirche in Afrika und Asien von der Erfahrung derer lernen wird, die am Dialog mit Juden teilgenommen haben. Ich bete, dass Katholiken, die aus den Aktionen und Ansprachen des Papstes, aus Verlautbarungen der Bischofskonferenzen und aus der theologischen Literatur über Juden und Judentum gelernt haben, diese Erfahrungen in Wort und Tat weitergeben werden. Davon hängt es ab, ob die Kirche des dritten Jahrtausends die Sünden der vergangenen zweitausend Jahre wiederholt.

Übersetzung der vier Statements: Susanne Schmid, Augsburg

Nachdenken über die Schoa
Mitschuld und Verantwortung der katholischen Kirche

Erklärung vom 6. Juli 1998

Am 16. März 1998 veröffentlichte die "Vatikanische Kommission für die religiösen Beziehungen zu den Juden" nach zehnjähriger Arbeit das Dokument "Wir erinnern uns: Nachdenken über die Schoa" ("We remember: A Reflection on the Shoah"). Papst Johannes Paul II. hatte schon am 1. September 1987 betont, die geplante Veröffentlichung sei "wichtig für Kirche und Welt" und die Schoa sei "eine Warnung, ein Zeugnis und ein stiller Schrei für die ganze Menschheit".[1]

Die Erklärung hat weltweit große Resonanz gefunden. Es gab sowohl Zustimmung als auch Kritik. Der Gesprächskreis "Juden und Christen" beim Zentralkomitee der deutschen Katholiken, dem elf jüdische und siebzehn katholische Mitglieder angehören, hat die Erklärung analysiert und legt hier seine Stellungnahme vor. Er anerkennt die Bedeutung des Dokuments, möchte aber im Blick auf das angekündigte päpstliche Schreiben zum Versöhnungsjahr 2000 einige Anregungen geben.

Dankbar stellen wir fest, dass die römische Erklärung ein weiterer Schritt auf dem Weg ist, ein neues Verhältnis zum Judentum zu finden. Dieser Weg hat mit der Deklaration "Nostra aetate" des Zweiten Vatikanischen Konzils begonnen und wurde seither von vielen Verlautbarungen und Initiativen der katholischen Kirche fortgeführt. Wichtige Erkenntnisse dieses Prozesses finden wir in dem Dokument "Wir erinnern uns" wieder. Es weist nachdrücklich auf die jüdischen Wurzeln des christlichen Glaubens hin. Es nennt Beispiele der Geschichte für christliche Schuld gegenüber Juden. Es anerkennt entsprechend jüdischem Selbstverständnis "das einzigartige Zeugnis des jüdischen Volkes für den Heiligen Israels und für die Tora". Zum ersten Mal verwendet ein vatikanisches Dokument den Begriff der "Schoa", das heißt Ver

---

[1] Zitiert nach Freiburger Rundbrief. Neue Folge 10 (1998), 161.

nichtung, Katastrophe (vgl. z. B. Jes 10,3), der jede religiöse Sinndeutung ausschließt, wie sie zum Beispiel der Begriff "Holocaust", das heißt Brandopfer (vgl. z. B. Gen 22,2), nahe legt. Mehrfach wird mit großem Ernst die christliche Pflicht zur Erinnerung an die Schoa eingefordert.

Leider bleibt das Dokument trotz beachtlicher Aussagen in seinen historischen und theologischen Äußerungen hinter früheren Erklärungen zurück, die von Papst Johannes Paul II., von der Deutschen Bischofskonferenz und von französischen Bischöfen gegeben wurden.[2] Vor allem vermissen wir ein klares Wort zur Mitschuld und Verantwortung der Kirche. Es genügt nicht, nur die "Fehler der Söhne und Töchter der Kirche" zu benennen. In Anknüpfung an das Konzil haben die deutschen Bischöfe im Jahre 1988 anlässlich der 50. Wiederkehr der Reichspogromnacht zu Recht betont, "dass die Kirche, die wir als heilig bekennen und als Geheimnis verehren, auch eine sündige und der Umkehr bedürftige Kirche ist".[3]

1. Langsame Loslösung der Kirche vom Judentum

Das vatikanische Dokument erweckt den Eindruck, der Prozess der Trennung von "Urkirche" und "jüdischem Volk" beginne bereits unmittelbar "nach der Kreuzigung Jesu". Das halten wir historisch für nicht zutreffend. Der lange Prozess der Loslösung der Kirche vom jüdischen Volk muss differenzierter gesehen werden.

"Jesus war Jude und ist es immer geblieben ... Jesus war voll und ganz Mensch seiner Zeit und seines jüdisch-palästinischen Milieus im 1. Jahrhundert, dessen Ängste und Hoffnung er teilte ... Auch Paulus (wie übrigens Jesus selber) hat Methoden der Schriftlesung, ihre Interpretation und Weitergabe an die Schüler verwendet, die den Pharisäern ihrer

---

[2] Vgl. Ansprache von Papst Johannes Paul II. in der Synagoge von Rom am 13. April 1985; "Die Last der Geschichte annehmen". Wort der Berliner, der Deutschen und der Österreichischen Bischofskonferenzen vom 20. Oktober. 1988; Erklärung mehrerer französischer Bischöfe in Drancy 1997.

[3] "Die Last der Geschichte annehmen", Nr. 2; vgl. Zweites Vatikanisches Konzil "Lumen gentium", Nr. 8.

Zeit gemeinsam waren"[4], heißt es in einer vatikanischen Erklärung von 1985. Die kontroversen Diskussionen, die sich in neutestamentlichen Schriften finden, sind zunächst innerjüdische Auseinandersetzungen.

Indem neutestamentliche Gemeinden jüdische Hoffnungen in Jesus als dem Christus erneut bekräftigt und erfüllt sahen, begann die allmähliche Abgrenzung vom Judentum. Der Rückgriff der griechisch sprechenden Gemeinden auf die griechische Übersetzung der Hebräischen Bibel (Septuaginta) beschleunigte den Prozess, nicht zuletzt durch die Aufnahme griechischer Vorstellungen. Die Hinzunahme der neutestamentlichen Schriften zum Kanon der biblischen Bücher ist Ausdruck einer eigenen Identität und Zeugnis für den Glauben an ein Handeln Gottes durch Jesus von Nazaret.

Das sich schließlich formierende Christentum trat zunehmend in Rivalität zum Judentum. "In der christlichen Welt ... zirkulierten ... irrige und ungerechte Interpretationen des Neuen Testaments in bezug auf das jüdische Volk und seine angebliche Schuld", die sogar zur Zerstörung einzelner Synagogen führten. Diese Feststellung des römischen Dokuments ist zwar zutreffend, aber nicht hinreichend für die ersten Jahrhunderte.

Heidenchristliche Theologen (Apologeten, Kirchenväter) verstärkten die Einstellung der Kirche, die Schriften des Neuen Testaments nur noch mit heidenchristlichen Augen zu sehen und Verurteilungen von Juden in eine Verurteilung des jüdischen Volkes umzudeuten. Was ursprünglich ein "Familienkonflikt" innerhalb des Judentums war, wurde mehr und mehr zu einer theologisch begründeten Feindschaft gegen eine andere Religion.[5] Die Kirchenväter, deren Schriften für die weitere Geschichte bedeutsam wurden, nahmen in der Regel die Heilsgeschichte des Alten Bundes als Vorgeschichte der Kirche in Anspruch und sprachen dem jüdischen Volk das Anrecht auf die biblische Erwählung und Verheißung ab (Substitutionstheorie, Enterbungstheorie).

---

[4] "Hinweise für eine richtige Darstellung von Juden und Judentum in der Predigt und in der Katechese der katholischen Kirche." Erklärung der Vatikanischen Kommission für die religiösen Beziehungen zu den Juden vom 24. Juni 1985, Nr. 12 u. 18.

[5] Vgl. die Adversus Judaeos-Literatur der Kirchenväter.

Diese Entwicklung wurde durch die Erhebung des Christentums zur Reichsreligion zusätzlich verschärft. Die politische Theologie zur Zeit Konstantins (Eusebius) betrachtete die geschichtliche Wende als einen nachträglichen Beweis für die Messianität Jesu Christi. Die Juden hatten sich hingegen damit abzufinden, dass sie zu einer unbedeutenden Minderheit im christlichen Imperium wurden. In der Folgezeit betonte die Kirche mehr und mehr ihre Überlegenheit und vergaß die Wurzel Israel, aus der sie bleibend kommt.

Eine Neubestimmung des Verhältnisses zum jüdischen Volk setzte erst mit dem Zweiten Vatikanischen Konzil ein. Mit Berufung auf den Römerbrief des Apostels Paulus schärft die Deklaration "Nostra aetate" den Christen ein, dem Judentum nicht mehr die religiöse Existenzberechtigung abzusprechen und stellt es dem verborgenen Ratschluss Gottes anheim, wie die Rettung "ganz Israels" geschehen wird (vgl. Röm 9-11). Gehört zum Respekt vor dem Mysterium Gottes nicht auch die Demut, nicht zu wissen, warum es zur dramatischen Trennung von Christentum und Judentum kam? Mit Kardinal Ratzinger ist anzuerkennen: "Diese Trennung zu überwinden, steht nicht in unserer Macht, aber sie hält uns gemeinsam auf dem Weg zum Kommenden hin und darf daher nicht Feindschaft sein."[6]

Schon aus diesem kurzen Überblick geht hervor, dass nur eine möglichst genaue Aufarbeitung der langsamen Auseinanderentwicklung die Chance bietet, aus den Erfahrungen unseres Jahrhunderts heraus andere Weichen für das Verhältnis von Juden und Christen zu stellen. Wir rufen deshalb alle, die sich mit der Geschichte der ersten Jahrhunderte befassen, auf, die Zusammenhänge offenzulegen und auf diese Weise Versöhnungsarbeit zu leisten.

2. Problematische Entscheidungen von Konzilien als Äußerungen der Gesamtkirche

Nicht überzeugend erscheint uns der vatikanische Text bezüglich der Selbsteinschätzung der Kirche im Verhältnis zum Judentum, wenn es

---
[6] Joseph Kardinal Ratzinger, Die Vielfalt der Religionen und der Eine Bund, Hagen 1998, 113.

zwar einzelnen Christen Schuld zuweist, jedoch die Kirche selbst als verfasste Glaubensgemeinschaft davon ausnimmt. Dies traf schon für die mittelalterliche Kirche nicht zu und gilt ebenso wenig für die erste Hälfte des 20. Jahrhunderts.

Die Bedeutung der Konzilien für die Herausbildung des christlichen Glaubensbewusstseins ist unbestritten. In ihnen geht es um kirchenoffizielle Äußerungen, gerade auch dann, wenn sie nicht neues Gedankengut entwickeln, sondern ein in der Kirche bereits vorhandenes Bewusstsein als verbindlich erklären. Aus den Verflechtungen historischer, kirchenpolitischer und wirtschaftlicher Zusammenhänge hat sich im Mittelalter eine antijüdische Stimmung gebildet, die weit in die Neuzeit hineinwirkt. Die vatikanische Erklärung spricht von "seit Jahrhunderten andauernden gefühlsmäßigen Verdächtigungen und Feindseligkeiten, die wir Antijudaismus nennen".

Es haben sich aber nicht nur einzelne Christen schuldig gemacht, sondern auch Konzilien, zumal das Vierte Laterankonzil (1215), das sich im Westen besonderer Anerkennung erfreut hat. Auf diesem Konzil wurde der generelle Vorwurf erhoben, die Juden seien des Unglaubens (perfidia) schuldig. Es wurden Bestimmungen verbindlich gemacht, die meist schon lange in Geltung waren. Sie betrafen die Zinsgeschäfte der Juden, Kennzeichnungspflicht, Ausgehbeschränkungen und das Verbot, öffentliche Ämter zu bekleiden. Vor allem wurden scharfe Reglementierungen für getaufte Juden erlassen.[7] Das Konzil von Basel hat im Jahr 1434 einen nicht minder deutlichen Text verabschiedet. Da es eine außerordentlich konsensorientierte, alle Minderheitsvoten berücksichtigende Versammlung war, ist es erstaunlich, dass die Entstehung des Judendekrets offensichtlich ohne Abstimmungskämpfe erfolgen konnte - ein weiterer Beweis für eine in der Kirche allgemein verbreitete antijüdische Einstellung. Das Baseler Judendekret schloß mit der Vorschrift, dass es "in den einzelnen Kathedrale- und Kollegiatskirchen und in anderen frommen Einrichtungen, an denen sich die Gläubigen zahlreich zusammenfinden, wenigstens einmal im Jahr im Gottesdienst" zu verkünden sei.[8] Schließlich hat das Konzil von Florenz in der Unionsbulle

---

[7] Vgl. Conciliorum Oecumenicorum Decreta, 265-267.
[8] Vgl. Conciliorum Oecumenicorum Decreta, 483-485, hier 485.

mit den Kopten vom 4. Februar 1442 das "Außerhalb der Kirche kein Heil" auch auf die Juden angewendet und ihnen die Erlangung des Heils abgesprochen.[9]

In dieser Situation konnten die mehrfach von päpstlicher Seite ergangenen Erlasse zum Schutz der Juden ("Sicut Judaeis") die Pogrome, Vorwürfe der angeblichen Ritualmorde, Brunnenvergiftungen und Hostienschändungen nicht verhindern.

Schließlich ist anzumerken, dass gegen die Praxis aller anderen westeuropäischen Länder der Kirchenstaat, der nach den napoleonischen Kriegen wiedererrichtet worden war, die diskriminierende Politik gegenüber den Juden mit Einführung der Ghettos und der Kennzeichnungspflicht wieder aufgenommen hat. Erneut wurde den Juden aufs strengste verboten, christliche Dienstboten zu beschäftigen; die "Zwangspredigten" wurden wieder eingeführt: Fünfmal im Jahr mussten die Juden Missionspredigten hören. Eine schwere Beeinträchtigung des Verhältnisses zwischen katholischer Kirche und Judentum bildeten die ohne Einwilligung der Eltern vorgenommenen Taufen jüdischer Kinder, die oft zur Wegnahme der Getauften aus der Familie führten (Mortara-Affäre 1858 im Kirchenstaat).

Erst das Zweite Vatikanische Konzil hat in "Nostra aetate" mit der bisherigen Tradition gebrochen und einen Neuansatz im Verhältnis des Christentums zum Judentum gewagt. Damit wurde alles Bisherige faktisch widerrufen.

3. Zusammenhang von christlichem Antijudaismus und heidnischem Antisemitismus

"Die Schoa war das Werk eines typischen modernen neuheidnischen Regimes. Sein Antisemitismus hatte seine Wurzeln außerhalb des Christentums." Dieser Behauptung der vatikanischen Erklärung müssen wir widersprechen. Zwar hat der Antisemitismus des Nazi-Regimes mit seiner Rassenlehre und seinem Vernichtungswillen eine neue Dimension gegenüber dem kirchlichen Antijudaismus erreicht. Wir sind jedoch

---

[9] Vgl. Conciliorum Oecumenicorum Decreta, bes. 578.

überzeugt, dass der heidnische Antisemitismus ohne die Grundlegung des christlichen Antijudaismus nicht möglich gewesen wäre. Dafür sprechen die angeführten geschichtlichen Hinweise.

Unzureichend bis irreführend sind auch die Aussagen des vatikanischen Textes zum Verhalten kirchlicher Persönlichkeiten in der Zeit des Nationalsozialismus. Dies gilt besonders für die Kardinäle Faulhaber und Bertram und für Papst Pius XII.

Im Dezember 1933 predigte der Münchner Erzbischof Michael Kardinal von Faulhaber über die katholische Hochschätzung des Alten Testaments. Er reklamierte es für das Christentum mit der Behauptung, es sei zwar im Judentum entstanden, aber eigentlich kein jüdisches Buch. Deshalb dürfe man die Abneigung gegen das zeitgenössische Judentum nicht auf das Alte Testament übertragen wie die Nationalsozialisten und die Deutschen Christen, die es als "Judenbuch" verworfen hatten. Aufgrund seiner Adventspredigten hat man den Mut des Münchener Erzbischofs bewundert. Im In- und Ausland galt er seitdem als Garant und geistiger Führer des katholischen Widerstandes.

Solch hoher Erwartung konnte er freilich nicht entsprechen. Es ist daran zu erinnern, dass Faulhaber nichts gegen "ehrliche Rassenforschung und Rassenpflege" einzuwenden hatte. Auch waren seine Predigten vom klassischen Antijudaismus geprägt (Verworfenheit und Flucht als göttliches Stigma des "ewigen Juden"). Weder er noch irgendeiner seiner deutschen Mitbischöfe hat gegen den Judenboykott am 1. April 1933 oder gegen die Nürnberger Gesetze protestiert.

Im Gegensatz zum Schweigen der deutschen Bischöfe steht die deutliche Kanzelkritik des Berliner Dompropstes Bernhard Lichtenberg gegen die Zwangssterilisierung von chronisch Kranken und gegen die Euthanasiemorde an Behinderten. Seine Hilfe für verfolgte "Nicht-Arier" und sein öffentliches Gebet für die Opfer der Reichspogromnacht trugen ihm schließlich Schikanen und Verhaftung ein. Er starb nach zweijähriger Strafhaft auf dem Transport ins Konzentrationslager Dachau. Sein außergewöhnliches Zeugnis darf nicht in einem Atemzug mit Faulhaber oder gar Bertram genannt werden, wie es im vatikanischen Dokument geschieht. Andere Männer und Frauen - wir denken

Nachdenken über die Schoa

beispielsweise an die unerschrockene Freiburgerin Gertrud Luckner - hätten genannt werden müssen.

Zu den wenigen nach 1945 bekannt gewordenen Interventionen zählt der Brief des Berliner Bischofs Graf von Preysing. Er hatte den Vorsitzenden der Deutschen Bischofskonferenz Kardinal Bertram aufgefordert, wenigstens eine seiner vielen Eingaben an die NS-Regierung der Öffentlichkeit bekannt zu machen. Er konnte sich aber gegen Bertram und die Mehrheit der Bischöfe nicht durchsetzen.

Am 6. März 1943 hatte sich Preysing an Papst Pius XII. gewandt. Der Papst entschied sich aber, "Zurückhaltung zu üben, um größeres Unheil zu verhüten". Bei dieser Entscheidung ist Pius XII. geblieben, auch als vor seinen Augen Tausende von Juden aus Rom abtransportiert wurden, um, wie er wusste, nach Auschwitz gebracht zu werden. Wie immer die gesamtkirchliche Rolle dieses Papstes in der Judenfrage letztlich zu beurteilen sein wird, hätte nach unserer Überzeugung Pius XII. zumindest als Bischof von Rom öffentlich für die Juden seiner Stadt eintreten müssen. Auch wenn er sie vielleicht nicht vor dem Tod hätte retten können, hätte seine Aktion Vorbildwirkung für andere Bischöfe gehabt.

Allerdings befürwortete der Papst, dass Juden in Klöstern versteckt wurden. Dafür bedankten sich Juden aus der Emigration. Nach 1945 wurde jedoch bekannt, dass in einigen Klöstern Eiferer jüdische Kinder gegen deren Willen getauft hatten. Es bedurfte erheblicher Anstrengungen, sie ihren jüdischen Familien zurückzugeben.

Nach Kriegsende wusste man in der Öffentlichkeit bald, dass kirchliche Behörden, vor allem in Rom, über sichere Kanäle ins neutrale Ausland verfügten. Diese kirchlichen Hilfsmaßnahmen begünstigten auch Personen, die in die Verbrechensmaschinerie der Nationalsozialisten erheblich verwickelt waren. So ist auch Kriegsverbrechern mit kirchlicher Hilfe die Flucht in den Nahen Osten und von dort nach Lateinamerika geglückt.

Alles in allem ist die Haltung der katholischen Kirche zur Schoa ambivalent, wenn nicht beschämend. Es trifft das Wort von Papst Johannes Paul II. zu, mit dem das vatikanische Dokument beginnt: dass Christen "der Welt statt eines an den Werten des Glaubens inspirierten Lebenszeugnisses den Anblick von Denk- und Handlungsweisen boten, die geradezu Formen eines Gegenzeugnisses und Skandals darstellten".

4. Bekenntnis der Schuld und Verantwortung für die Geschichte

Die vatikanische Erklärung betont die versöhnende Kraft und die Pflicht der Erinnerung: "Die gemeinsame Zukunft von Juden und Christen verlangt, dass wir uns erinnern, denn es gibt keine Zukunft ohne Erinnerung."

Die Pflicht der Erinnerung setzt die genaue Kenntnis historischer Sachverhalte voraus und fordert eine wissenschaftliche Analyse der Vergangenheit ohne jede Form der Apologie. Wie die Erklärung darlegt, stehen noch viele Studien über die Zeit des Nationalsozialismus aus: "Historiker, Soziologen, Philosophen, Politiker, Psychologen und Theologen versuchen, über die Wirklichkeit und die Gründe der Schoa tiefere Einsicht zu gewinnen." Aus dieser Erkenntnis folgt für uns die Notwendigkeit, die Vatikanischen Archive zum Studium der einschlägigen Dokumente zu öffnen.

Das Verhältnis von Judentum und Christentum muss getragen sein von Respekt und Anerkennung auf beiden Seiten, weil "Juden und Christen einander in einer vergleichbaren Hoffnung begegnen, die sich auf dieselbe Verheißung an Abraham gründet."[10]

Die Redlichkeit unseres Erneuerungswillens verlangt von allen Mitgliedern der Kirche das Bekenntnis zur Schuldfähigkeit und zur Verantwortung für die Geschichte. Es bleibt zu hoffen, dass im bereits angekündigten päpstlichen Schreiben zum Versöhnungsjahr 2000 die Kirche, gerade auch als institutionelle Größe, ihre Mitschuld und Verantwortung erkennt und bekennt.

In seinem Begleitschreiben bringt Papst Johannes Paul II. seine Hoffnung zum Ausdruck, die Erklärung "Wir erinnern uns: Eine Reflexion

---

[10] "Hinweise für eine richtige Darstellung von Juden und Judentum"; dort Hinweis auf Gen 12,1-3 und Hebr 6,13-18.

über die Schoa" möge "die Erinnerung befähigen, ihre notwendige Rolle im Prozess des Aufbaus einer Zukunft zu übernehmen, in der die unaussprechliche Bosheit der Schoa nicht mehr möglich wird." Es ist Aufgabe aller Christinnen und Christen, und zwar auf allen Ebenen kirchlichen Handelns, diesen vom Zweiten Vatikanischen Konzil eingeschlagenen Weg fortzusetzen.

Reise ins Heilige Land

Überarbeitete und erweiterte Auflage 1998

Geleitwort
Erwartungen

I. Die Wirklichkeit
1. Das Land
2. Juden in Israel
3. Vielfalt des Christentums
4. Der Islam und seine Heiligtümer

II. Probleme
1. Juden und Christen - von der Bibel bis heute
2. Der Staat Israel und die Christen
3. Konflikte zwischen Juden und Muslimen
4. Christliche Besucher aus Deutschland in Israel

III. Hoffnung
1. Ökumene heute
2. Aufgaben zu Hause
3. Heiligung des Namens

Geleitwort

Es gibt heute unterschiedliche Gründe dafür, dass sich Menschen für eine Reise ins Heilige Land interessieren. Manche wollen eine Pilgerfahrt zu den biblischen Stätten machen, um die Orte zu erleben, die mit dem Ursprung ihres Glaubens zu tun haben. Andere planen eine Studienreise, in der sie Geschichte und Gegenwart, Religion und Politik, Land und Leute in Israel kennen lernen wollen. Viele wollen wohl auch beides auf einer Reise miteinander verbinden. Der "Gesprächskreis Ju

Reise ins Heilige Land

den und Christen" beim Zentralkomitee der deutschen Katholiken möchte allen zu ihrer Reise ins Heilige Land eine kleine Handreichung zukommen lassen, die Informationen vor allem zur religiösen Situation in Israel enthält. Sie soll zugleich dazu anregen, über das jüdisch-christliche Verhältnis neu nachzudenken.

Die jüdischen und christlichen Mitglieder des Gesprächskreises haben es sich seit 1971 zur Aufgabe gemacht, über die vielfältigen Beziehungen zwischen Juden und Christen miteinander zu reden. Daraus sind mehrere Veröffentlichungen entstanden, in denen es darum geht, an das gemeinsame Erbe zu erinnern, das Juden und Christen verbindet, und die schwere Last der Geschichte aufzuarbeiten, die Juden und Christen zu tragen haben. Zugleich hat der Gesprächskreis immer wieder die gemeinsame Verantwortung von Juden und Christen für die Gegenwart und Zukunft der Menschheit in den Blick gerückt. Diese Verantwortung hat für beide Seiten ihr Fundament in dem Glauben an Gott und in dem menschenfreundlichen Ethos, das in der Bibel verkündet wird. Aus dem gleichen Bemühen hat der Gesprächskreis auch diese Broschüre veranlasst. Sie zeigt, dass das Heilige Land für Juden und Christen auf verschiedene Weise die Stätte ihres Ursprungs ist und zugleich der Ort, an dem viele Ereignisse stattgefunden haben, die das Leben von Juden und Christen bis heute beeinflussen. Da dieses Land auch für die Muslime von Anfang an wichtig war, durfte der Islam hier nicht übergangen werden.

Eine Reise ins Heilige Land kann uralte Missverständnisse zwischen den drei monotheistischen Religionen verstärken. Sie kann aber auch einem neuen Verständnis und einer besseren Verständigung dienen. Dieses Ziel wird allerdings nur dann erreicht, wenn das Heilige Land auf einer solchen Reise nicht als ein Museum angesehen wird, sondern zu einer Begegnung mit den Menschen führt, die heute dort leben.

Die vorliegende Broschüre ist eine Neubearbeitung von zwei früheren Schriften mit dem gleichen Titel, die der Gesprächskreis 1974 und 1984 herausgegeben hat. Diese Vorgänger haben eine große Verbreitung und viel Anerkennung gefunden, mussten jetzt aber wieder auf den neuesten Stand gebracht werden. Gedankt sei an dieser Stelle den beiden Gesprächskreismitgliedern Herrn Oberstudiendirektor Werner Trutwin und Herrn Akademiedirektor Hans Hermann Henrix für die Erstellung des Manuskripts und für die Redaktion, allen Mitgliedern für ihre hilfreichen Hinweise.

Bonn, Weihnachten 1997

Prof. Dr. Hans Joachim Meyer
Präsident des Zentralkomitees der deutschen Katholiken

Erwartungen

Heiliges Land - das ist im wesentlichen das Gebiet des Staates Israel, das sind die autonomen Gebiete der Palästinenser, das ist die zu Ägypten gehörige Wüste Sinai. Heiliges Land - das ist das Land, das drei Religionen verehrungswürdig ist. Das *Judentum* hat hier seit dreieinhalb Jahrtausenden die Grunderfahrungen seiner religiösen, politischen und kulturellen Existenz gemacht. Abraham, Mose und die Propheten sind Gestalten des Ursprungs, die in der langen jüdischen Geschichte bis heute prägend geblieben sind. Das Heilige Land ist lebendiges Zentrum seines Glaubens. Seine Religion ist nicht an Stätten im Land gebunden, sondern an das Land selbst. Es ist Verheißung und Geschenk Gottes für sein Volk. Das *Christentum* lebt aus jüdischem Erbe und verknüpft das Land mit dem Leben und der Botschaft Jesu von Nazaret. Von hier erging sein Evangelium in alle Welt. Für den *Islam* ist Jerusalem nach Mekka und Medina die heiligste Stadt. Mohammed war der Stadt auf vielfältige Weise verbunden. Die drei großen monotheistischen Religionen der Menschheit haben im Heiligen Land ihre Wurzeln und wichtige Stätten ihres Ursprungs. Für Juden ist es seit den Anfängen ihrer Geschichte die von Gott verheißene Heimat. Juden, Christen und Muslime haben sich immer auf den Weg gemacht, um ihre heiligen Stätten im Heiligen Land zu besuchen. Sie sind bis heute Ziel jüdischer, christlicher und muslimischer Pilgerreisen und Wallfahrten. Wenn auch die Beziehungen des Judentums, Christentums und Islams zum Heiligen Land unterschiedlich sind, so sind sie doch nicht unvereinbar.

Erstaunlicherweise hat sich der Brauch des Pilgerns auch in der Gegenwart, die für religiöse Traditionen wenig aufgeschlossen ist, erhalten. Es hat sogar den Anschein, dass die Bedeutung der *Pilgerreise* wieder neu entdeckt wird. Wie in vergangenen Zeiten erhoffen sich auch heute die Pilger - unter ihnen gerade auch junge Leute - vom Besuch der ehrwürdigen Stätten eine Stärkung ihres Glaubens und eine Belebung ihrer religiösen Existenz. Die Pilgerreise verknüpft die irdischen Wege mit einem Ziel, das über diese Welt hinausweist. Die Menschen, die sich auf den Weg machen, tun dies in der Erwartung, für eine zeitlang ihre Alltagswelt verlassen zu können, sich unterwegs selbst besser kennen zu lernen, neue Erfahrungen mit anderen Menschen zu machen, Einkehr in eine andere Welt zu halten und die religiöse Dimension ihres Lebens tiefer zu verstehen. Bewegung und Rasten, Stille und Abenteuer, Sehen und Beten, Frische und Müdigkeit, Erfahrung der eigenen Möglichkeiten und Grenzen gehören immer dazu. Das Unterwegssein mit seinem stets wechselnden Aufbruch, Ankommen und Abschiednehmen wird für die Reisenden zu einem Bild des Lebens überhaupt. Es ist ein erfahrbares Symbol der menschlichen Existenz.

Heute ist an die Stelle der Pilgerreise oft die *Bildungs- oder Studienfahrt* getreten, die sich vor allem für Monumente der Vergangenheit, Zeugnisse der Kunst, Besonderheiten der Landschaft, Sozialstrukturen und politische Verhältnisse der Gegenwart interessiert. Wer als Christ/in ins Heilige Land fährt, kann für sich die Ziele einer Pilgerreise und einer Studienfahrt durchaus in Übereinstimmung bringen. Beide Formen brauchen sich nicht auszuschließen. Aber auch wer als ein Mensch kommt, dem der Glaube schwer fällt oder unmöglich erscheint, wird das Land besser verstehen, wenn er etwas von dem Glauben weiß, der mit dem Heiligen Land, seinen Gestalten und Orten, verbunden ist. Wer sich hier der religiösen Dimension völlig verschließt, wird sich einen wichtigen Zugang zum Verständnis des Landes versperren.

Es wäre allerdings falsch anzunehmen, dort *Gott* auf jeden Fall näher kommen zu können als anderswo. Nach biblischem Glauben bindet sich Gott an keinen Ort. Er kann überall in der Welt, wo Menschen sich zu ihm aufmachen, gefunden werden. Wer ihn sucht, braucht nicht ins Heilige Land zu fahren. Aber möglicherweise findet der Pilger im Heiligen Land Anregungen, sich auch in seiner Lebenswelt wieder neu auf die Suche nach Gott zu machen.

I. Die Wirklichkeit

1. Das Land

Das Land, das die Reisenden als "Heiliges Land" aufsuchen, hat viele Namen. Sie gehen auf unterschiedliche Traditionen und Erfahrungen zurück. Jeder dieser Namen übt auf diejenigen, die ihn für ihr Land gebrauchen, eine große Faszination aus.

- *"Land Israel"* *("Erez Israel")* ist seit biblischen Tagen die jüdische Bezeichnung dieses Landes. Sie geht auf den Ehrennamen zurück, den der Patriarch Jakob nach seinem nächtlichen Kampf mit dem "Engel" erhielt (Gen 32,23ff.). In einer verbreiteten, aber umstrittenen Deutung wird "Israel" mit "Gottesstreiter" übersetzt. Darin drückt sich aus, dass Jakob und später auch das Volk Israel immer wieder mit seinem Gott gekämpft haben. Der 1948 gegründete neue Staat hat diesen Namen übernommen. In dem Namen "Land Israel" leben für das jüdische Volk auch die Verheißungen weiter, die Gott einst Abraham und den anderen Stammvätern gegeben hat, als er ihnen dieses Land versprach (Gen 15,18; 26,3; 28,13-15; Ex 6,4; Dtn 6,23 u.ö.). Es ist auch *das "gelobte Land"*, das *"Land der Verheißung"* und *"das Land, in dem Milch und Honig fließen"*. Hierhin zogen die Israeliten, als sie dem Sklavenhaus Ägypten entkamen ("Exodus"). Hierhin sehnten sich die Juden, wenn sie in ihrer wechselvollen Geschichte im Exil und in der Diaspora lebten. Weil Gottes Verheißung für religiöse Juden untrennbar mit "Erez Israel" verbunden ist, ist das Land für sie nicht nur eine geographische und politische Größe, sondern vor allem eine Gabe Gottes.

- *"Palästina"*, was "Philisterland" bedeutet, bezeichnete ursprünglich nur das an der Mittelmeerküste gelegene Siedlungsgebiet der "Philister". Die Israeliten sahen sich im ausgehenden 2. Jahrtausend v. Chr. durch deren hochentwickelte militärische Macht ernsthaft bedroht. Erst in der Zeit des Königs David im 10. Jahrhundert v. Chr. gelang ihnen eine erfolgreiche Abwehr dieser Gefahr. In der legendären Erzählung vom Kampf des kleinen David gegen den schwerbewaffneten Philister Goliat lebt die Erinnerung an diese Zeit weiter (1 Sam 17). Der Name "Palästina" wurde dem Land später von den Römern gegeben, um die Erinnerung an Israel und das jüdische Volk zu verdrängen. Er wurde auch von den Kirchenvätern und Kreuzfahrern, von den Griechen, Arabern und Türken übernommen. Die Engländer bezeichneten nach dem ersten Weltkrieg das ganze Mandatsgebiet als "Palästina". In der gegenwärtigen Situation ist" Palästina" ein hochpolitischer Begriff, der von den Palästinensern als Name ihres Staatsgebietes gebraucht wird. Sie sehen wie Israel im Heiligen Land ihre Heimat. Tragischerweise stoßen hier die Ansprüche zweier Völker hart gegeneinander.

- Der Name *"Heiliges Land"* kommt schon im Ersten Testament vor. Mose hörte aus dem brennenden Dornbusch eine Stimme, die ihm sagte, dass der Ort, wo er stehe, "Boden der Heiligung" oder "heiliges Land" sei (Ex 3,5). Den gleichen Ausdruck gebrauchte der Prophet Sacharja für Juda und Jerusalem (Sach 2,16). Christen haben diesen Ausdruck später übernommen, obwohl er im Neuen Testament nicht vorkommt. Im Islam ist Jerusalem die einzige Stadt, die als "heilig" bezeichnet wird, was in ihrem arabischen Namen *"Al Kuds"* ("Heiligtum") zum Ausdruck kommt.

Mit der Bezeichnung "Heiliges Land" sind *gegensätzliche Vorstellungen* verbunden. Im "Heiligen Land" stoßen wir auf eine geographische Größe, die jedem zugänglich ist, und auf die Nähe Gottes, die allein im Glauben erfahrbar wird. "Heiliges Land" kann eine tiefsinnige religiöse Idee und ein konkret-materieller Ort sein. Im "Heiligen Land" ergingen die Verheißungen, die das Volk Israel ganz auf sich bezieht. Sie wurden durch das Christentum weltweit zur Hoffnung aller Völker. Das Heil, das hier in der Vergangenheit einmal verkündet wurde, ist auch in der Gegenwart wirkmächtig. Seine endgültige Erfüllung wird für die Zukunft erwartet. All das, was dem Reisenden so gegensätzlich erscheint, gehört in der Gestalt des Heiligen Landes zusammen.

Der Charakter des "Heiligen" wird in diesem Land aber auch auf vielfache Weise verstellt. Oft schieben sich tagesaktuelle Ereignisse in den Vordergrund. Sie bestimmen das Leben mehr als die Religion. Die Säkularisierung des Lebens, die die Reisenden aus ihrer Heimat kennen, hat sich auch hier ausgebreitet. Sie ist oft von Distanz und Unverständnis für religiöses Leben begleitet. An den heiligen Stätten treffen wir überdies auf orientalische Geschäftigkeit, der sich die Pilger kaum erwehren können. Aufdringliche Devotionalienhändler und religiöser Kitsch stören die Atmosphäre an den heiligen Orten bisweilen empfindlich.

Schlimmer noch ist die Zerstrittenheit der Religionen im Heiligen Land. Zwischen Israelis gibt es ständig heftige Auseinandersetzungen z. B. darüber, wie man den Sabbat halten soll. Die verschiedenen christlichen Kirchen können sich in der Grabeskirche Jesu nur schwer über ihre Rechte einigen. Muslime bekämpfen sich gegenseitig, weil sie uneins sind in ihrer Einstellung gegenüber Israel. Erst recht sind die Streitigkeiten zwischen den Religionen bisweilen schrecklich. Hier hat es nicht nur in der Vergangenheit blutige Auseinandersetzungen gegeben. Sie sind auch in der Gegenwart immer noch nicht beendet. Gerade das Heilige Land ist auch heute ein Ort des religiösen Unfriedens, an dem man auf unsinnigen Streit, fanatische Gewalt und stumpfen Fundamentalismus stößt. Juden, Christen und Muslime leben nicht in jenem Frieden ("Schalom"), der verpflichtende Leitidee ihrer Religion ist. Es bleibt nur zu hoffen, dass alle Religionen alsbald das Friedenspotential auch im Heiligen Land entwickeln, das sie in ihren besten Traditionen besitzen.

Die Begegnung mit dem "Heiligen Land" kann die Reisenden ergreifen und enttäuschen, erfreuen und ärgern, überwältigen und bedrücken. Wenn sie bei den vielfältigen Erfahrungen besser verstehen, worum es beim Heiligen Land geht, dann haben sie auch etwas von dem erfahren, was der Talmud, der neben der Bibel das grundlegende Schriftwerk des Judentums ist, in die Worte fasst: "Die Luft des Landes Israel macht weise" (Traktat Baba Bathra 158b).

2. Juden in Israel

Israel ist das Land, das dem Abraham verheißen wurde: "Deinen Nachkommen gebe ich dieses Land" (Gen 12,7). Alle jüdischen Generationen verbinden mit dem Land ihren Ursprung und ihr Zentrum.

Hier fanden die Kinder Israels nach dem Zwangsaufenthalt in Ägypten ihre Heimat. Das Erste Testament erzählt, dass Mose sie hierhin führte, nachdem sie ihren Feinden am Roten Meer wunderbar entkommen und lange in der Wüste umhergeirrt waren. Am Berg Sinai erhielt das Volk die "Zehn Worte" Gottes für ein menschenwürdiges Leben.

Im Verheißungsland verkündeten die großen Propheten Israels Gottes Wort. Sie klagten das Volk an und trösteten es, sie erinnerten an die Weisungen Gottes und gaben in dunklen Stunden Hoffnung auf Gottes Rettung in der Zukunft. Hier lebten die großen Weisheitslehrer Israels, die über das Geheimnis Gottes nachdachten und Israel auf den Weg der Gottessuche brachten. Hier entstanden die Psalmen, in denen die jüdischen Beter Gott Lob und Dank aussprachen, ihm ihr Leid klagten und ihn sogar anklagten, wenn sie seine Wege nicht verstanden. Hier erlebte das Volk schon in biblischen Zeiten große Katastrophen wie Hunger, Brandschatzung und Krieg.

Von hier aus wurden Juden im 6. Jahrhundert v. Chr. für Jahrzehnte in die Babylonische Gefangenschaft weggeführt. Hierhin konnten sie wieder zurückkehren und sich unter schweren Bedingungen an den Wiederaufbau des Landes machen. Hier entstanden die Heiligen Schriften Israels. Hier entwickelten die großen Rabbinen die Traditionen, aus denen Juden bis heute leben. In Babylon und hier entstand der Talmud, jenes große jüdische Sammelwerk, in dem die Rabbinen darüber nachdenken, wie Gottes Weisung in verschiedenen Zeiten und Situationen auszulegen sei, wenn man die unumstößlichen jüdischen Grundsätze der Gottes- und Nächstenliebe ernst nimmt. Im Jüdisch-Römischen Krieg wurde 70 n. Chr. der Tempel in Jerusalem zerstört, in den späteren Kämpfen wurde der jüdische Widerstand gegen Rom gänzlich gebrochen. Die Folge davon war, dass viele Juden nicht mehr in ihrer Heimat leben durften. Sie mussten sich in andere Länder begeben und vergrößerten die jüdische Diaspora, die es schon seit Jahrhunderten im Mittelmeerraum und in Babylon gegeben hatte.

Doch haben Juden auch in der Folgezeit immer hier gewohnt. Sie lebten nach der religiösen Weisung, im Land Israel zu siedeln und das Land zu bebauen. Im Land traten auch im Mittelalter Männer auf, die sich für den Messias ausgaben. Rabbinen und Mystiker haben hier die

Reise ins Heilige Land

alten Traditionen Israels lebendig gehalten. Darüber hinaus kamen in allen Jahrhunderten unzählig viele Juden als Pilger ins Land. Viele hatten den Wunsch, auf dem Ölberg ein Grab zu finden. Im 19. Jahrhundert kam es zu einer verstärkten jüdischen Einwanderung durch chassidische Gemeinschaften aus Osteuropa, in denen eine mystisch geprägte Zionssehnsucht lebte. Andere jüdische Gruppen kamen damals aus Russland, vom Balkan und aus dem Jemen, um Verfolgungen zu entgehen. Vor allem säkulare zionistische Pioniere machten sich nach 1900 mit großem Schwung daran, das durch Erosion, Versumpfung und Verkarstung gezeichnete Land fruchtbar zu machen. Juden überall in der Welt aber sprachen und sprechen alljährlich bei ihrem Pessachfest den Wunsch aus: "Nächstes Jahr in Jerusalem".

Als Brücke zwischen Europa, Asien und Afrika ist das Heilige Land seit den Anfängen der Geschichte immer Durchgangsland für Eroberer und deren Armeen gewesen. Ägypter, Assyrer, Babylonier, Perser, Griechen, Römer, Araber, Kreuzfahrer, Mongolen, Türken und Engländer haben hier ihre Spuren hinterlassen. Noch heute erinnern viele Bauwerke des Landes an diese Völker.

Am Ende des 19. Jahrhunderts wurde die alte jüdische Sehnsucht nach Jerusalem zu einer politischen Kraft. Diskriminierung und Verfolgung in den christlichen Ländern trugen dazu bei, dass sich viele im jüdischen Volk wieder auf das verheißene Land besannen. Theodor Herzl (1860-1904), ein jüdischer Journalist aus Wien, bewirkte, dass sich Juden verstärkt als Volk fühlten und ihre Heimat am Zionsberg von Jerusalem suchten. So wurde er zum Vater des Zionismus, jener Bewegung, die einen beachtlichen Teil des Judentums in das Land der Väter und Mütter zurückführte. Manche Juden lehnten allerdings den Zionismus ab, da sie meinten, das Judentum könne auch in der Diaspora leben und müsse dort die universale Dimension des Judentums repräsentieren.

Der Völkerbund hatte 1919 das ehemals türkische Gebiet zwischen Mittelmeer und irakischer Wüste als "Palästina" an Großbritannien als Mandat übertragen. Das Ostjordanland - heute Jordanien - wurde als eigenes Königreich abgetrennt. Seit 1937 bestand der Plan einer Teilung Palästinas in einen jüdischen und einen arabischen Staat. Er wurde durch Streitigkeiten im Land und vor allem durch den Zweiten Weltkrieg verhindert.

In den Jahren des Zweiten Weltkriegs ereignete sich die "Schoa" (d.h. Unheil, Vernichtung), in der etwa sechs Millionen Angehörige des jüdischen Volkes - darunter mehr als eine Million Kinder - von den Nazi-Schergen umgebracht wurden. Die Schoa wurde für viele Juden zum Anlass, ihren Widerstand gegenüber dem Zionismus aufzugeben und das Land Israel als Zufluchtsstätte zu akzeptieren. Diese größte Katastrophe der jüdischen Geschichte gehört zu den geschichtlichen Voraussetzungen der Entstehung des modernen jüdischen Staates, der nach der biblischen Gestalt "Israel" benannt wurde. Am 14. Mai 1948 konnte Ben Gurion, der erste Ministerpräsident Israels, mit Zustimmung der internationalen Staatengemeinschaft die Gründung des neuen Staates proklamieren. Dieser Staat eröffnet allen Juden der Welt die Möglichkeit, hier eine Heimstätte zu finden. Hier können Juden endlich wieder in einem Land leben, das nicht mehr von Nichtjuden beherrscht wird. Während viele säkularisierte Juden die Gründung ihres Staates als ein Zusammenspiel von politischen, sozialen und psychologischen Faktoren deuten, ist die Einschätzung religiöser Juden nicht einheitlich. Die ultra-orthodoxe Minderheit lehnt den Staat ab, da er nicht das Werk des Messias ist, während andere religiöse Richtungen in der Wiederbelebung des jüdischen Staates den "Beginn des Sprießens der Erlösung" und ein Zeichen Gottes für sein Volk sehen können.

Die in Israel lebenden Juden kommen aus allen Erdteilen und verschiedenen Kulturen. Die Motive für ihre Einwanderung sind religiöser und politischer Art. Die einen wollen in dem alten Land der Bibel, die anderen in einem modernen Staat leben. Viele sind auch deshalb gekommen, weil sie in ihrer Heimat verfolgt wurden.

Ihrer Herkunft nach unterscheidet man vor allem drei größere Gruppen. Die aschkenasischen Israelis stammen aus Osteuropa sowie aus Deutschland, Frankreich und den USA. Die sefardischen Israelis aus den Mittelmeerländern sind Nachfahren der jüdischen Generationen, die im Jahr 1492 durch die katholischen Könige aus Spanien vertrieben wurden. Die orientalischen Israelis stammen vor allem aus Afrika und Asien. Die Einwanderer mussten meist die neuhebräische Sprache

("Iwrit") erst im Land lernen. Dies war vor allem für ältere Menschen mit großen Mühen verbunden. In den letzten Jahren wanderten viele Jüdinnen und Juden aus den Nachfolgestaaten der früheren Sowjetunion, aber auch aus Afrika nach Israel ein. Sie stellen das Land vor große soziale und wirtschaftliche Probleme. Die Auswanderungswellen von Israel in andere Länder hatten in den letzten Jahren je nach politischer und wirtschaftlicher Situation ihre wechselnden Hochs und Tiefs.

Das in Israel lebende Judentum ist keine einheitliche Größe. Die aus aller Welt nach Israel gekommenen Menschen versuchen hier, aus der Vielfalt ihrer Erfahrungen heraus ein freies jüdisches Leben zu schaffen. Die Integration der so verschiedenartigen Gruppen ist eine zentrale Aufgabe der israelischen Gesellschaft.

In religiöser Hinsicht finden sich in Israel fast sämtliche Strömungen, die es im heutigen Judentum auch in anderen Ländern gibt. Sie unterscheiden sich vor allem in ihrer Einstellung zu den Forderungen des jüdischen Religionsgesetzes - der "Halacha" ("Gehen", "Wandern") -, die für die religiösen Juden die verpflichtende Norm ihres Lebens ist.

- Die *Orthodoxen* (ca. 12 % der jüdischen Bevölkerung in Israel) stehen auch unter den Bedingungen der Neuzeit uneingeschränkt zu den Bestimmungen der Halacha. Die Treue zum Religionsgesetz gilt für sie gerade auch im Land Israel, wo Juden am ehesten die Möglichkeit haben, sich daran zu halten. Die Speise- und Ehegesetze werden von ihnen genau beachtet, der Sabbat streng eingehalten, die Rolle der Frau bleibt von der Tradition bestimmt. Frauen sitzen im Gottesdienst getrennt von den Männern und sind nicht an der liturgischen Leitung beteiligt. Aber sie sind aktiv als Beterinnen und feiern auch unter sich Gottesdienste. Wichtige rechtliche Aufgaben im Personenstandsrecht, z.B. Eheschließung und Scheidung, werden im Staat nur von orthodoxen Rabbinern wahrgenommen. Sie müssen eine entsprechende Anerkennung des Oberrabbinats haben, das mit je einem aschkenasischen und einem sefardischen Oberrabiner die höchste religiöse Instanz im Land ist. Politisch wirksam wird das orthodoxe Judentum durch mehrere religiöse Parteien, die zwar nicht viele Abgeordnete im Parlament ("Knesseth") stellen, aber als Koalitionspartner einen überproportional hohen Einfluss haben. Die Religionspolitik war in den letzten Jahrzehnten der häufigste Anlass für Regierungskrisen in Israel. Sie teilt das Land in verschiedene Lager. Von einer Integrationskraft der Religion kann in Israel nicht die Rede sein.

- Die so genannten *Ultra-Orthodoxen,* die den Staat Israel nicht anerkennen, weil er nicht das Werk des Messias ist, halten die religiösen Gebote der Halacha und die in Osteuropa entwickelten Lebensformen streng ein. Sie fühlen sich als die wahren und alleinigen Hüter jüdischer Tradition. Das Bild des Jerusalemer Stadtteils Mea Schearim wird durch sie bestimmt. Die Männer tragen lange schwarze Kleider, haben Schläfchenlocken und bedecken den Kopf in der Öffentlichkeit mit einem Hut. Wer in ihrer Nähe am Sabbat auch nur ein Streichholz anzündet oder Auto fährt, muss damit rechnen, mit Steinen beworfen oder beschimpft zu werden. Nicht nur dem Staat, auch dem Oberrabinat stehen sie ablehnend und feindselig gegenüber.

- Die Vertreter des *Reformjudentums* (ca. 9 %) betonen die Notwendigkeit, dieFormen des Glaubens und die Gesetze der Religion ständig weiter zu entwickeln und an die moderne Welt anzupassen. Viele Gesetze verstehen sie als zeitbedingten Ausdruck jüdischer Frömmigkeit, betonen aber die bleibende Bedeutung der ethischen Gebote. Die Speisegesetze gelten nicht mehr uneingeschränkt. Ihre Beachtung wird dem einzelnen überlassen. Die Frau ist auch im Gottesdienst gleichberechtigt. Seit den achtziger Jahren gibt es in reformierten Gemeinden auch Rabbinerinnen. Eine besondere Kleidung wird nicht mehr getragen.

- Zwischen der Orthodoxie und dem Reformjudentum bewegen sich die *konservativen* Juden (ca. 3 %). Sie wollen weder eine völlige Anpassung an die moderne Welt noch eine strikte Festlegung auf das Religionsgesetz. Darum suchen sie die Weisungen der Halacha soweit zu bewahren, wie es mit der heutigen Lebenswelt vereinbar ist. So beachten sie z.B. zu Hause die Sabbat- und Speisegesetze, lassen aber auf Reisen oder bei dem Besuch nichtjüdischer Freunde Ausnahmen zu. Im Gottesdienst der Synagoge sind Männer und Frauen nicht mehr getrennt. Frauen wirken als Liturginnen mit. Einige

Gemeinden haben Rabbinerinnen. Die von konservativen und reformorientierten Rabbinern vollzogenen Trauungen werden staatlicherseits nicht anerkannt.

- Zwei kleinere Gruppierungen haben sich schon lange vom rabbinischen Judentum getrennt. Rund 12 000 *Karäer* im Gebiet von Ramalla erkennen nur die Bibel, nicht aber ihre rabbinische Interpretation an. Etwa 600 *Samaritaner* leben in Holon und an ihrem heiligen Berg Garizim, der für sie schon in biblischen Tagen der alleinige Ort der Gottesverehrung war.

- Sehr viel größer als der Anteil aller religiösen Gruppen zusammen (ca. 25 %; davon je die Hälfte strikt religiös oder eher religiös) ist die Zahl der *nicht-religiösen Israelis* (ca. 75 %). Dabei ist kaum eindeutig zu sagen, wo man die Grenzlinie zwischen religiösen und säkularen Juden ziehen soll. Die meisten sind überwiegend von der westlich-säkularen Kultur geprägt, lehnen aber nicht alle religiösen Lebensformen ab. Sie wehren sich gegen den starken Einfluss der Orthodoxie auf das öffentliche Leben, ohne ihn verhindern zu können. Darin sehen sie eine Art Religionszwang, den eine Minderheit gegenüber der Mehrheit ausübt. Die parlamentarisch erlassenen Gesetze sind ihnen im Konfliktfall lieber als die rabbinische Halacha. Doch halten sie sich selbst oft an die jüdischen Feiertage und Bräuche, weil sie diese als Teil ihrer jüdischen Kultur anerkennen.

Im Staat Israel gibt es *keine Staatsreligion*. Alle Religionsgemeinschaften haben das Recht auf freie Religionsausübung und auf staatliche Förderung. Christen und Muslime haben eigene vom Staat anerkannte Gerichtshöfe, die für Fragen des Personenstandsrechts wie Ehe, Scheidung und Erbschaften zuständig sind.

Der Tempelberg von Jerusalem ist dem Judentum eine hochheilige Stätte. Wenn er auch seit der arabischen Eroberung Jerusalems im Jahr 638 in muslimischer Hand ist und auf ihm der Felsendom und die Al-Aqsa-Moschee errichtet wurden, hat er seine religiöse Bedeutung für das Judentum bis heute behalten. Der heiligste Ort des heutigen Judentums ist die Westmauer des Tempelbergs in Jerusalem, die auch "Klagemauer" genannt wird. Hier findet man ständig religiöse und nichtreligiöse Männer in Gebet und Verehrung. Einträchtig stehen Ultra-Orthodoxe in ihren schwarzen Gewändern und Soldaten in ihren Uniformen nebeneinander. Frauen beten an getrennter Stelle. Keiner kann genau sagen, was sie alle als Juden und Jüdinnen verbindet. Es ist weder die religiöse Lehre noch der säkulare Staat. Am ehesten dürfte es die Zugehörigkeit zu einer jahrtausendealten Schicksalsgemeinschaft sein.

Die Zahl der Juden in aller Welt ist nicht exakt auszumachen. Die Schätzungen schwanken für die Gegenwart zwischen ca. 13 Millionen und 18 Millionen Juden in ca. 112 Ländern der Welt. Davon leben ca. 4,3 - 4,7 Millionen Juden in Israel, die einen Anteil von etwa 80 Prozent der Gesamtbevölkerung des Landes ausmachen.

Seit 1989 sind aus der ehemaligen Sowjetunion mehr als eine halbe Million Juden nach Israel gekommen, deren Integration große Anstrengungen erfordert.

3. Vielfalt des Christentums

Das Verhältnis des Christentums zum Heiligen Land ist mit dem jüdischen Verständnis verwandt, doch ist es auch anders. Auch Christen sehen mit dem ersten Teil ihrer Bibel, dem Ersten Testament, das Land als den Ort, wo Israel seine Erfahrungen mit Gott gemacht hat. Auch für Christen ist es das Land, wo Gott seinen Bund mit dem Volk Israel schloss, der nie gekündigt wurde. Auch Christen wissen, dass sie mit diesem Volk geistlich untrennbar verbunden sind und mit ihm aus den gleichen Wurzeln leben. Auch sie haben mit "Zion" (Anhöhe in Jerusalem) zu tun, wenn sie im 87. Psalm beten: "All meine Quellen entspringen in dir" (Vers 7) oder "Jeder ist dort geboren" (Vers 5).

Aber der Christ findet im Heiligen Land auch Zeugnisse einer eigenen Glaubensgeschichte, die nicht mehr die des Judentums ist. Hier stößt er auf die Orte, von denen das Neue Testament spricht. Galiläa und Judäa sind die Landschaften, in denen Jesus von Nazaret gelebt und sein Evangelium verkündet hat. Nach dem Zeugnis der Evangelien wurde er in Betlehem geboren, wuchs er in Nazaret heran und lebte er vor seinem öffentlichen Auftreten in Kafarnaum.

In Jerusalem vollendete sich sein Leben. Am Zionsberg feierte er mit seinen Jüngern das Abendmahl. Der Ölberg mit dem Garten Getsemani (hebr.: "Ölkelterei"), die Via Dolorosa des Kreuzwegs und Golgota ("Schädelstätte") als Platz der Kreuzigung und der Grablegung sind die verehrungswürdigen Orte seines Leidens und Sterbens. Von Jerusalem aus erging die Botschaft von seiner Auferweckung in alle Welt. Weil Christen überall im Land auf Spuren der vier Evangelien stoßen, hat der Kirchenvater Hieronymus das Land als das "fünfte Evangelium" bezeichnet. Hier werden die Namen, Personen und Ereignisse der Bibel für Christen so anschaulich wie nirgends sonst. Sie können von hier - wie ein traditionelles Wort sagt - "Segen mitnehmen".

Zahlreiche Berichte von der Antike bis zur Gegenwart dokumentieren, dass in fast allen Jahrhunderten christliche Pilgerinnen und Pilger in das Heilige Land zogen, um hier an den Ursprungsstellen des Glaubens den eigenen Glauben lebendiger werden zu lassen. Leider gab es auch Fehlformen christlicher Pilgerreisen, so wenn christliche Heere während der Kreuzzüge im Namen Gottes Gewalt anwandten und in Jerusalem furchtbare Blutbäder unter Muslimen und Juden anrichteten. Der Schaden, den sie verursachten, wird auch nicht durch das gute Beispiel des heiligen Franziskus von Assisi ausgeglichen, der sich während der blutigen Ereignisse 1219 bei den Kreuzfahrern und beim muslimischen Sultan redlich, aber vergeblich um den Frieden bemühte.

Christen, die heute ins Heilige Land reisen, sollten das Wort Papst Pauls VI. beherzigen, das Heilige Land dürfe kein Museum sein. Der Besuch darf dort nicht nostalgisch nur die Vergangenheit im Blick haben. Gerade auch die Gegenwart des Heiligen Landes ist mit all ihrer Vielfalt, ihrem Reichtum und ihrer Problematik wahrzunehmen. Dazu gehört das lebendige Judentum, dazu gehört die islamische Gemeinschaft, dazu gehören die vielen christlichen Kirchen. Vielen Christen wird möglicherweise erst beim Besuch des Heiligen Landes die Vielfalt der christlichen Kirchen bewusst. Nirgendwo sonst auf der Welt existieren sie so nahe nebeneinander. Nirgendwo auf der Welt leben sie auch heute noch bisweilen so feindlich gegeneinander. In einem gespaltenen Land sind sie eine gespaltene Minderheit. Dabei könnte nirgendwo sonst so wirkungsvoll das Bild der einen, heiligen, universalen, wahrhaft umfassenden ("katholischen") Kirche aufleuchten, die in versöhnter Verschiedenheit lebt.

In den ersten Jahrhunderten ließen sich Christen im Heiligen Land nieder, die sich durch ihre Muttersprache und ihre Herkunft, nicht aber im Glauben unterschieden. Es gab hier schon früh Griechen, Lateiner, Ägypter ("Kopten"), Äthiopier, Syrer, Armenier. Sie hatten zwar unterschiedliche Gottesdienste und Bräuche, zählten sich aber zu der einen universalen Kirche Jesu Christi. Dieser Zustand währte nur bis ins 5. Jahrhundert. Seitdem zeigt sich die eine Christenheit in Jerusalem erstmals gespalten. In den späteren Jahrhunderten kam es zu weiteren Abgrenzungen und Trennungen. Dafür gibt es unterschiedliche Gründe. Insgesamt kann man heute in Jerusalem vier größere Kirchengruppen unterscheiden: die Altorientalen, die Orthodoxen, die Katholiken und die Kirchen der Reformation. Hinzu kommen noch kleinere kirchliche Gruppierungen.

- Die *altorientalischen Kirchen* trennten sich von den westlichen Kirchen nach dem Konzil von Chalkedon im Jahr 451. Sie akzeptierten die Konzilslehre nicht, nach der es in Jesus Christus zwei Naturen, eine göttliche und eine menschliche, gibt. Stattdessen sprachen sie ihm nur eine einzige göttliche Natur zu ("Monophysiten"). Diese und andere Lehrunterschiede sowie die allmähliche Trennung des Römischen Reichs in eine westliche (lateinisch/griechische) und in eine östliche (orientalische) Hälfte führte zu der ersten Trennung der Christenheit im Heiligen Land. Erfreulicherweise gibt es heute wieder einen intensiven Dialog zwischen den orientalischen Kirchen und der katholischen Kirche. Er führte dazu, dass diese Kirchen heute in ihrem Glauben an Christus nicht mehr getrennt sind und dass sie in ökumenischer Freundschaft leben. Zu den altorientalischen Kirchen in Jerusalem zählen die syrische (Markuskloster, Nähe Jaffator), die armenische (Jakobuskathedrale), die äthiopische (Neustadt) und die koptische (Nähe Grabeskirche).

- Religiöse Streitigkeiten über den Heiligen Geist, Dissens über die Spendung der Eucharistie, Uneinigkeit über den Weihnachts- und

Ostertermin, politische Auseinandersetzungen zwischen Rom und Byzanz führten dazu, dass 1054 auch die Lateiner und Griechen ihre Kirchengemeinschaft aufkündigten und ihre Wege auseinander gingen. Seitdem lebt neben der lateinischen Westkirche mit Rom als Mittelpunkt getrennt davon im östlichen Mittelmeerraum die *"orthodoxe Kirche"*. Der Ehrenrang in der Familie der orthodoxen Kirchen gebührt dem griechisch-orthodoxen Patriarchat, welches die Eigentumsrechte an der Grabeskirche - von ihnen Auferstehungskirche genannt - mit der armenischen Kirche und der franziskanischen Kustodie teilt. Zur orthodoxen Familie Jerusalems gehören auch russische und rumänische Christen. Auch Syrer und Kopten sind in Jerusalem präsent und halten in der Grabeskirche ihre Gottesdienste.

- Die *katholische Kirche* im Land besteht im wesentlichen aus zwei Gruppen: den Lateinern und den Unierten. Die zur Kirche des Westens gehören, werden in Jerusalem wegen ihrer liturgischen Sprache "Lateiner" genannt. Ihr Bischof, im 19. Jahrhundert in den Rang eines Patriarchen erhoben, ist seit 1987 ein palästinensischer Christ. Wichtige katholische Einrichtungen in Jerusalem sind u.a. die Kustodie der Franziskaner, das Pilgerhospiz "Notre Dame" und die Ecce-Homo-Kirche der Zionsschwestern auf der Via Dolorosa. Sie alle bemühen sich um die Betreuung der lateinischen Pilger. Beispielhaft ist die ökumenische Arbeit der Benediktiner der "Dormitio Mariae" ("Heimgang Mariens") auf dem Zionsberg. Die Abtei ist ein offenes Forum für den Dialog zwischen den getrennten christlichen Kirchen und zwischen Christentum, Judentum und Islam. In einem Studienjahr können hier junge Theologen/innen aus Deutschland wichtige Erfahrungen und Einsichten gewinnen.

Das komplizierte Verhältnis der christlichen Kirchen im Heiligen Land wurde nicht leichter, als es seit der Trennung der Kirche in Ost und West (1054) Bemühungen um die Wiedergewinnung der kirchlichen Einheit gab, denen aber nur Teilerfolge beschieden waren. Es bildeten sich die *"unierten Kirchen"* heraus. Sie erkennen den Papst als Oberhirten an, praktizieren aber ihre eigenen orthodoxen Riten und Bräuche und lassen auch verheiratete Priester zu. So gibt es heute im Land eine griechisch-katholische Kirche, deren Mitglieder "Melkiten" genannt werden, eine syrisch-katholische Kirche, deren Mitglieder "Maroniten" heißen, sowie andere kleine Gemeinden orientalischer Katholiken. Sie haben in ihrer Geschichte bisweilen die Spannungen zwischen den Kirchen in Ost und West vermehrt. Es ist eine offene Frage, ob sie in Zukunft einmal zu einer Brücke des gegenseitigen Verständnisses werden können, weil sie die Kirchen des Westens und Ostens gleichermaßen gut kennen.

- Noch unübersichtlicher wurde die christliche Präsenz im Heiligen Land, als im 19. Jahrhundert einige europäische Mächte versuchten, auch ihren Kirchen in Jerusalem einen Platz zu besorgen. So kamen mit Hilfe der Preußen die Pro*testanten* und mit Hilfe der Engländer die *Anglikaner* ins Heilige Land. Protestantisches Zentrum ist die Erlöserkirche in der Altstadt,- den Anglikanern gehören die Christ-Church und die St. George-Kathedrale. Ähnlich wie die anderen Kirchen unterhalten sie mehrere Pilgerhäuser im Land. Außerdem gibt es Baptisten, Mennoniten und Quäker.

- Eine eigene Erwähnung verdient die kleine römisch-katholische *Gemeinde hebräisch sprechender Christen,* die 1948 entstanden ist und heute ca. 1500 "Judenchristen" umfasst. Ihre Liturgie feiern sie in Jerusalem im "Haus Jesaja" oder in ihren Gemeinden in Haifa und Beersheba in der hebräischen Sprache. Sie wollen als Juden, die Mitglieder der Kirche geworden sind, im Land ein Zeichen für die christliche Solidarität mit Israel setzen. Nach in Israel geltendem Recht haben sie ihre jüdische Identität aufgegeben, weil sie vom Judentum zu einer anderen Religion übergetreten sind.

Die oft feindselige Einstellung der christlichen Gemeinschaften untereinander wurde u.a. durch folgende Faktoren verursacht: religiöse Intoleranz, nationale Konflikte, Unkenntnis trotz räumlicher Nähe, Wirtschaftsneid, gegenseitige Missionsversuche mit dem Versprechen materieller Vorteile, erbitterter Streit von 6 christlichen Gemeinschaften in der Grabeskirche. Erst in den letzten Jahren ist das gegenseitige Verständnis gewachsen. Eine ökumenische Gesinnung gewinnt langsam an Boden.

Die Situation der einheimischen Ortskirchen ist heute beklagenswert schlecht. Der wirtschaftliche und soziale Status der meist arabisch sprechenden Christen liegt unter dem Durchschnittsniveau der israelischen Bevölkerung. Es herrscht ein spürbarer Mangel an Arbeitsplätzen. Viele dieser palästinensischen Christen fühlen sich in doppelter Hinsicht benachteiligt. Als Araber haben sie im Staat Israel nicht die gleichen Lebenschancen und Rechte wie die jüdischen Israelis. Als Christen sind sie oftmals ihren arabischen Landsleuten, die in der großen Überzahl Muslime sind, suspekt. Sie bilden nur eine kleine Minderheit und leben überdies auch noch in verschiedenen Kirchen. Jerusalem, Betlehem, Ramalla und Nazaret sind ihre wichtigsten Wohnorte. In den letzten Jahren haben viele palästinensische Christen - wie noch stärker viele Christen der arabischen Staaten - das Land verlassen, weil sie dort trotz guter beruflicher Qualifikation nur unzureichende Lebensbedingungen für sich vorfinden. 1948 gab es in Jerusalem etwa 50.000 einheimische Christen, heute sind es weniger als 10.000. Wenn dieser Trend anhält, wird es im Ursprungsland des Christentums bald kein einheimisches Christentum mehr geben. Schon heute sprechen die Christen vor Ort davon, dass sie im Heiligen Land in der Diaspora leben.

Die ca. 3.000 "ausländischen" Christen im Land sind Ordensleute, Hierarchen, Priester, Angehörige der diplomatischen Vertretungen und kirchliche Angestellte aus vielen Ländern der Welt. Für den Staat Israel sind diese Christen Ausländer. Sie befinden sich oft in einer religiös und politisch schwierigen Situation. Zeigen sie Solidarität mit Israel, verlieren sie bei den palästinensischen Christen an Vertrauen. Setzen sie sich für die Rechte der palästinensischen Christen ein, kommen sie mit dem Staat Israel in Konflikt.

Insgesamt lebten 1997 in Israel und den palästinensischen Autonomiegebieten nach unsicher bleibenden Schätzungen ca. 160.000 Christen in etwa 40 Kirchen. Ihr Anteil an der Gesamtbevölkerung schwankt um 2 - 3 Prozent. Davon sind ca. 52 % Katholiken (30 % Melkiten, 16 % Lateiner, 6 % Maroniten), 37 % Griechisch-Orthodoxe, je 0,5 - 2 % Armenier, Kopten, Syrer, Äthiopier, Lutheraner, Anglikaner u.a.

4. Der Islam und seine Heiligtümer

Christen, die in das Heilige Land kommen, bemerken rasch, dass dieses Land auch für den Islam hohe religiöse Bedeutung hat und Heimat vieler Muslime ist. Sie sehen Männer in der für Muslime typischen Kleidung und verschleierte Frauen. Vielerorts hört man den Ruf des Muezzin. Überall sind schöne Moscheen zu bewundern. Seit den Anfängen des Islam spielt Jerusalem für diese dritte monotheistische Offenbarungsreligion eine große Rolle. Ihr Begründer Mohammed (570 - 632) verkündete seinen arabischen Landsleuten in Mekka und Medina die Botschaft von dem Einen Gott (arabisch: "Allah"), die er vom Engel Gabriel empfangen hatte. Von ihm empfing Mohammed, der weder lesen noch schreiben konnte, den Koran, das Buch, das für die Muslime Gottes Wort schlechthin ist. So begründete Mohammed den Islam. Er bedeutet: dankbare "Hingabe" und "Unterwerfung" unter Gottes barmherzigen Willen. Mohammed selbst ist für den Islam der letzte und endgültige Prophet. Er steht in der Tradition der großen biblischen Propheten von Adam über Mose bis Jesus. Abraham ist im Koran der erste Muslim, der von Gott ergriffen wurde. Jesus und seine jungfräuliche Mutter Maria werden hoch verehrt. In Glaube, Ethos und Brauchtum lässt der Islam viele biblische Traditionen gelten. Als Besitzer Heiliger Schriften genießen Judentum und Christenheit eine gewisse Anerkennung. Sie werden aber auch beschuldigt, die heiligen Schriften verfälscht zu haben. Noch zu Mohammeds Zeiten kam es in Medina zu erbitterten Kämpfen der Muslime mit Juden, als diese sich weigerten, den Islam anzunehmen. Damals ordnete Mohammed an, dass sich die Muslime beim Pflichtgebet nicht mehr nach Jerusalem, sondern nach Mekka richten sollten ("Kibla").

Nur vier Jahre nach Mohammeds Tod wurde 636 Palästina und nur zwei Jahre später 638 Jerusalem von den Soldaten des Propheten erobert. Die Stadt wurde als "Al Kuds" ("Heiligtum") nach Mekka und Medina zum drittwichtigsten islamischen Ort. Hier wurde schon am Ende des 7. Jahrhunderts der Felsendom errichtet, dem großartige Künstler des Islam in späteren Zeiten sein faszinierendes Aussehen gaben. Sein Platz und seine Gestalt sind ein Programm. Er soll den Islam auch architektonisch als Überbietung des Judentums und des Christentums ausweisen. Dazu ist er auf dem Felsen errichtet, auf dem Abraham, der Stammvater des jüdischen Volkes, seinen Sohn Isaak zu opfern bereit war. Mit seiner großen Kuppel erinnert er an die nahegelegene Grabeskirche als den Ort des Todes und der Auferweckung Jesu. Nach einer alten islamischen Erzählung, die schon in der 17. Sure des Koran angedeutet ist, stieg Mohammed vom Felsenplatz in Jerusalem für eine kurze Zeit in den Himmel, wo er Abraham, Mose und Jesus traf, die von den Muslimen als die Vorläufer Mohammeds, des letzten Propheten, verehrt werden. Der Felsendom wurde darum zur islamischen Wallfahrtsstätte, ist aber kein Ort des Gebets. Die Gebete werden in der Al-Aqsa-Moschee verrichtet, die sich in unmittelbarer Nähe auch auf dem alten Felsenplatz ("Haram es-Sharif", d. h. "Edles Heiligtum") befindet. Beide Heiligtümer gehören zu den prächtigsten Sehenswürdigkeiten der Stadt. Sie haben für die Muslime in aller Welt den gleichen religiösen Rang wie die Klagemauer für die Juden und die Grabeskirche für die Christen.

Nach der Eroberung Palästinas durch den Islam wurden alte jüdische Heiligtümer im Land islamisch, so die Grabstelle Abrahams, Isaaks und Jakobs in Hebron, die Gräber Rachels und des ägyptischen Joseph bei Nablus (Sichem), das Grab Samuels bei Jerusalem und der Ort unweit von Jericho, der den Muslimen als das Grab des Mose gilt. Weil auch die jüdischen Traditionen diese Orte in Ehren halten, sind gerade hier Juden und Muslime oft aufeinandergeprallt. Hier wurden nicht selten Emotionen geweckt, die bis in die Gegenwart hinein zu gehässigen Aktionen und sogar zu Blutvergießen führten. Beide Seiten reagieren hochempfindlich, wenn sie sich religiös beleidigt fühlen.

- Fast alle Muslime im Land sind *Sunniten*, die sich nach dem Koran vor allem auf die "Sunna" (d.h. "Herkommen", "Brauch") stützen, in der Mohammed Vorbild für das Handeln und Reden des Muslim ist.

- Die *Schiiten*, die viel kleinere Richtung im Islam, sind im Land kaum vertreten. Eine alte Abspaltung von den Schiiten stellen die 180.000 *Drusen* dar, die am Hermon und am Karmel leben. Ihr Hauptheiligtum ist das Grab Jethros, des Schwiegervaters des Mose (Ex 3,1; 4,18), das nahe bei Tiberias liegt. In ihrer Geheimlehre spielen Erkenntnis Gottes, Erlösung und Wiedergeburt eine Rolle. Eine junge Abspaltung von den Schiiten ist die im 19. Jahrhundert in Persien entstandene *Bahai-Religion,* die sich als Erfüllung aller Religionen der Welt versteht. Dementsprechend sind in ihrer Lehre und ihren Riten Elemente aus verschiedenen Religionen kombiniert. Ihre Anhänger wurden zunächst vom Islam blutig verfolgt, weil sie als Abtrünnige des Islam galten. Noch heute sind sie im Iran bedroht. Das prunkvolle Weltzentrum der Bahai-Religion befindet sich in Haifa.

Gegenwärtig ist der Islam nach dem Judentum und weit vor dem Christentum die zweitgrößte Religion in Israel. Er hat mit ca. 730.000 Muslimen 15 % Anteil an der Gesamtbevölkerung. In den palästinensischen Autonomiegebieten ist er mit 93 % Anteil schlechthin dominant, während der kleine Rest dort aus jüdischen Siedlern und christlichen Palästinensern besteht.

II. Probleme

1. Juden und Christen - von der Bibel bis heute

Jesus von Nazaret war ein Jude. Seine ersten Anhänger kamen aus dem Judentum. Er steht ganz in der Tradition seines Volkes. Den Gott Israels nennt er seinen Vater, und vom Gesetz Israels ("Tora") will er kein Jota aufheben. Die Heiligen Schriften des Judentums erkennt er fraglos an und legt sie machtvoll aus. Ohne das Judentum ist er nicht zu verstehen. Darum liegt der Ursprung des Christentums im Judentum. Die Kirche ist für immer mit dem Judentum unlösbar verbunden.

Allerdings gab es auch heftige Konflikte zwischen Jesus und seinen jüdischen Zeitgenossen. Dieser Streit, der zuerst rein innerjüdisch war, entzündete sich an den Fragen, ob Jesus die Tora richtig auslege, ob er der von den Propheten angekündigte Messias sei und ob der Glaube an Jesus den Menschen vor Gott rechtfertige. Die jüdischen Anhänger Jesu waren davon überzeugt, während die jüdische Mehrheit diesen Glauben nicht teilte. Als die Anhänger Jesu nach seinem Tod die messianische Endzeit ankündigten und das Evangelium nicht mehr nur Juden, sondern auch Nichtjuden ("Heiden") verkündeten, als sie auch das Gesetz Israels ("Tora") nicht mehr voll beachteten, wurde aus dem zunächst innerjüdischen Konflikt ein solcher zwischen Christen und Juden, zwischen Kirche und Synagoge.

Die Schriften des Neuen Testaments zeigen, dass die Christen die Juden schon früh für den Tod Jesu verantwortlich machten. Aus diesem unberechtigten Vorwurf entstand schon bei den Kirchenvätern die durch nichts zu rechtfertigende Behauptung, die Juden seien "Gottesmörder". Christen nannten die Juden auch "verstockt", weil sie dem Evangelium Jesu nicht folgten. Diese unerhörten Beschuldigungen wurden zum Anlass für Abgrenzung und Trennung. Sie begründeten im Zusammenhang mit anderen Differenzen eine jahrhundertelange christliche Judenfeindschaft und Judenverachtung. Das Alte ("Erste") Testament, das doch zur christlichen Bibel gehört, wurde nicht mehr vorurteilsfrei gelesen. Der Gott Israels wurde nun zum Gott der Vergeltung und des Hasses, dem der christliche Gott der Liebe und der Versöhnung gegenüberstand. Man behauptete, der Alte Bund sei zu Ende gegangen und die Kirche habe das Erbe Israels angetreten. Solche und andere Unterstellungen verdichteten sich zu einem furchtbaren Vorurteilsgemenge, aus dem in der Geschichte allzu oft auch soziale Diskriminierungen und blutige Verfolgungen der Juden entstanden. Christliche Herrscher erließen judenfeindliche Gesetze, konfiszierten jüdisches Eigentum, schändeten Synagogen, unterstellten der jüdischen Minderheit schlimme Verbrechen und missachteten die Menschenwürde der Juden. In Predigt und Religionsunterricht wurde das Judentum verächtlich dargestellt. Selbst als die Nazis in unserem Jahrhundert aus rassistischen Gründen den Versuch unternahmen, das Judentum zu vernichten, kamen die Kirchen der bedrohten jüdischen Bevölkerung nicht so zu Hilfe, wie es das Gebot der Nächstenliebe erfordert hätte. Erst nach der "Schoa" (Vernichtung, Katastrophe), in der an die sechs Millionen Juden ums Leben kamen, wurde den Christen langsam bewusst, was mit den Juden geschehen war. Seitdem haben die Kirchen manche Schritte getan, um dem Judentum mehr Gerechtigkeit zuteil werden zu lassen. Es begann ein christlich-jüdischer Dialog, in dem sich beide Seiten besser kennen lernten, die Kirche ihre Schuld aus der Vergangenheit wahrzunehmen anfing, alte Vorurteile aufgedeckt wurden, die Verwurzelung des Christentums im Judentum wieder bewusst wurde und die Eigenständigkeit des Judentums neu in den Blick trat. Auf katholischer Seite hat vor allem das Zweite Vatikanische Konzil (1962-65) mit seiner wegweisenden Erklärung "Nostra Aetate" (1964) eine kirchliche Neubesinnung auf das Judentum eingeleitet. Papst Johannes Paul 11. hat die Anregungen des Konzils weitergeführt, als erster Papst der Kirchengeschichte 1986 eine Synagogengemeinde in Rom aufgesucht und 1993 den Staat Israel endlich auch diplomatisch anerkannt. In Deutschland hat sich der Gesprächskreis "Juden und Christen" beim Zentralkomitee der deutschen Katholiken seit 1972 um eine Verbesserung der jüdisch-christlichen Beziehungen bemüht.

2. Der Staat Israel und die Christen

Der Staat Israel hat in den Jahrzehnten seit seiner Gründung das Gesicht des Landes, das in langer Türkenherrschaft vernachlässigt war, eindrucksvoll verändert. Diese Wiederaufbauleistung ruft Anerkennung und Bewunderung wach. Bedeutender für christliche Gäste aber ist, dass der Staat Israel bereits mit seiner bloßen Existenz auf gewichtige Einsichten hinweist und Fragen aufwirft, die bedacht sein wollen. Bereits die Existenz des Staates Israel stellt das jüdische Selbstverständnis im Blick auf das Land Israel und auf Jerusalem konkret und erfahrbar vor Augen.

Zu der hohen Bedeutung des Landes im jüdischen Selbstverständnis gibt es in der christlichen Existenz und Theologie keine Entsprechung. Der Christenheit steht es nicht an, einen Anspruch auf dieses Land zu erheben. Sie kann nur begrüßen, dass dieses Land für Hunderttausende von Überlebenden der Schoa eine sichere Zufluchtsstätte geworden ist. Die Sammlung des jüdischen Volkes gilt auch vielen Christen als Segenserweis Gottes. "Der Fortbestand Israels (wo doch so viele Völker des Altertums spurlos verschwunden sind) ist eine historische Tatsache und ein Zeichen im Plan Gottes, das Deutung erheischt" (Vatikanische Kommission für die religiösen Beziehungen mit den Juden, Hinweise für eine richtige Darstellung von Juden und Judentum in der Predigt und in der Katechese der katholischen Kirche vom 24. Juni 1985). Christen sind nachdrücklich gehalten, das Recht des jüdischen Volkes, in Israel in friedlichen und gesicherten Grenzen zu leben, anzuerkennen und dafür einzutreten, auch wenn sie die Tagespolitik des Staates kritisch begleiten mögen.

Besonders Katholiken wurden viele Jahre von ihren jüdischen Gesprächspartnerinnen und -partnern gefragt, warum ihre Kirche dem Staat Israel die volle völkerrechtliche Anerkennung vorenthalte. Die oft vorgetragenen Argumente - wie die Unsicherheit des Status Jerusalems und der seit 1967 unter israelischer Verwaltung stehenden Gebiete - wollten sie nicht gelten lassen. Vielmehr äußerten sie unverhohlen den Argwohn, es seien letztlich alte theologische Vorurteile in der katholischen Kirche, welche eine staatliche Anerkennung verhinderten. Den guten Worten kirchlicher Dokumente nach dem Zweiten Vatikanischen Konzil müssten Taten folgen. Aber erst 45 Jahre nach Gründung des Staates Israel hat der Apostolische Stuhl dem Wunsch des jüdischen Staates entsprochen und am 30. Dezember 1993 einen Grundlagenvertrag mit Israel unterzeichnet. Seine Präambel bezieht sich auf "den einzigartigen Charakter und die universale Bedeutung des Heiligen Landes", macht auf "die außergewöhnliche Natur der Beziehungen zwischen der katholischen Kirche und dem jüdischen Volk" aufmerksam und erinnert an den "historischen Prozess der Versöhnung und des Wachstums im gegenseitigen Verständnis und in der Freundschaft zwischen Katholiken und Juden". Im ersten Artikel bekräftigen der Staat Israel und der Apostolische Stuhl ihre ständige Verpflichtung, das Menschenrecht der Religions- und Gewissensfreiheit zu achten und zu wahren. Im Artikel 2 wiederholt der Vatikan seine "Verurteilung von Hass, Verfolgung und allen anderen Ausdrucksformen des Antisemitismus, die sich gegen das jüdische Volk und gegen die Juden - wo, wann und durch wen auch immer - gerichtet haben". Die weiteren Artikel bestätigen das Recht der katholischen Kirche, ihre religiösen, moralischen und sozialen Angelegenheiten zu regeln und Einrichtungen zu unterhalten, behandeln die Frage des "Status quo" der Heiligen Stätten, der Pilgerfahrten, der Institutionen und des kulturellen und wissenschaftlichen Austauschs. In Artikel 11 verpflichten sich beide Vertragspartner zur Förderung von friedlichen Lösungen bei Konflikten zwischen Staaten und Nationen. Zusätzlich erklärt der Vatikan, "gegenüber allen nur zeitlichen Konflikten ein Außenstehender zu bleiben, besonders was umstrittene Gebiete und Grenzen betrifft".

Mit diesem Grundlagenvertrag und dem 1994 erfolgten Austausch von Botschaftern wurde ein wichtiger Schritt der Vertrauensbildung zwischen dem jüdischen Volk und der katholischen Kirche getan. Es wurde ein internationaler Vertrag geschlossen, der vom Prinzip der Wechselseitigkeit und des gegenseitigen Respekts ausgeht. Er regelt konkrete Fragen der Kooperation und klärt Rechtspositionen zwischen beiden Vertragspartnern. Zugleich kommt diesem Vertrag eine große symbolische Bedeutung zu: Mit ihm wird für die Weltöffentlichkeit und insbesondere für die breite jüdische Öffentlichkeit die gewandelte kirchliche Einstellung zum jüdischen Volk und Judentum offenkundig. Obwohl der Vertrag kein Abkommen zwischen zwei Religionen ist, hat er reale Konsequenzen für das Verhältnis zwischen Judentum und Christentum. Er ist ein Instrument für die Lösung praktischer Probleme. Die übrigen in Israel vertretenen Kirchen erwarten von der Vatikanischen Interessenvertretung eine geschwisterliche Rücksichtnahme auf ihre originären Belange, damit der Grundlagenvertrag der gesamten christlichen Präsenz im Staat Israel zugute kommt.

Nachdem auf der politisch-diplomatischen Ebene ein Durchbruch erzielt wurde, sind Katholiken vielleicht auch empfänglicher geworden für grundlegende Fragen, die der Staat Israel in Erinnerung ruft. Einerseits macht er mit seiner Existenz unübersehbar auf das Dasein des jüdischen Volkes aufmerksam. Das heutige Israel wäre nicht möglich gewesen ohne eine Treue in Tradition und Glauben, die das Judentum durch Jahrhunderte beispielhaft vorgelebt hat. Durch diese Treue war das jüdische Volk fähig, eine lange Zeit in der Zerstreuung und ohne staatliche Organisationsform zu überleben und seinen Zusammenhalt und bei allen Brüchen seine Identität zu wahren. Und es hatte mit dieser Treue zu tun, wenn jene, die in der Schoa dem Haus des Todes entronnen waren, in Israel ein Haus des Lebens suchten und an ihm bauten. Christen, deren Gemeinschaft eine so lange und so schmerzliche Bewährungsprobe bisher erspart blieb, können daraus lernen, was ein Leben der Treue in Tradition und Glauben bedeutet. In heutiger jüdischer Existenz haben sie eine Anschauung der biblischen Lebenszusage dem gegenüber, der seine Treue bewahrt (vgl. Hab 2,4; vgl. Röm 1, 17; Gal 3,11). Anderseits aber kann gerade die Treue im Glauben sich nicht in eine vermeintlich selbständige Glaubenswelt zurückziehen und einschließen, die abgetrennt und abgeschirmt von der Welt der Politik und Geschichte bestehen könnte. Die Geschichte des jüdischen Volkes im 19. und 20. Jahrhundert zeigt auf exemplarische Weise, wie die Glaubensüberlieferung von selbst und in bestimmten geschichtlichen Situationen notwendig dazu drängt, auch in politischer Gestalt geschichtsmächtig zu werden. Christliche Gäste des Landes mögen sich zu den konkreten Verhältnissen in Israel mehr zustimmend oder mehr kritisch verhalten; ihnen bezeugt die bloße Existenz des Staates Israel das Gewicht einer Aufgabe, die auch ihnen gestellt ist: ein Glaube, der sich fähig erwiesen hat, auch ohne staatlich-politischen Schutz und unter den Bedingungen einer Minderheitenexistenz fortzubestehen, kann und muss immer neu mit staatlich-politischem Handeln verbunden werden.

3. Konflikte zwischen Juden und Muslimen

Die Probleme zwischen Judentum und Islam reichen bis in die Anfangszeiten des Islam zurück. Bei Mohammed finden sich den Juden gegenüber zwei unterschiedliche Tendenzen. Einerseits erweist der Prophet den Juden seine religiöse Achtung, weil sie "Leute des Buches" (Bibel) sind. In wichtigen Fragen des Glaubens und Ethos sind sich die beiden Religionen nahe. Das hat dazu geführt, dass die Juden in den vom Islam beherrschten Ländern meist mit verständnisvoller Toleranz behandelt wurden. Religiös motivierte Judenverfolgungen wie in den christlichen Ländern waren dort eher selten. Jüdisch-islamische Kooperation wurde vielfach praktiziert. Andererseits fanden schon zu Mohammeds Zeiten in Medina blutige Kämpfe zwischen Muslimen und Juden statt, weil diese sich dem Islam nicht öffnen und Mohammed als Propheten nicht anerkennen wollten. Aus diesen Anfängen erwuchs eine lange Tradition der Feindschaft, die gerade heute in ihrer Mischung von religiösem Fundamentalismus und politischem Nationalismus zu schrecklichen Exzessen führt.

Seit Jahrzehnten gibt es zwischen Juden und Arabern im Heiligen Land einen erbitterten Kampf, der allerdings zuerst nicht religiös, sondern politisch motiviert ist. Dabei geht es primär um den Besitz des Landes. Grund und Boden sind zwischen Israelis und Arabern umstritten. Beide verweisen auf jahrhundertealte Rechte. Der Plan der UNO aus dem Jahr 1947, durch Teilung des Landes in ein arabisches und ein jüdisches Gebiet den Frieden anzubahnen, ist gescheitert. Seitdem hat es zwischen Israel und den arabischen Nachbarn mehrere Kriege gegeben. Israel konnte die tödliche Bedrohung seiner Existenz abwenden und den Verfolgten aus vielen Ländern die Heimstätte sichern. Aber dabei kamen auch viele Araber in eine unerträgliche Situation. Bis heute leben viele Palästinenser in großem Elend. Sie leiden unter Armut, Arbeitslosigkeit und mangelnden Ausbildungsmöglichkeiten. In der "Intifada" haben sie seit 1987 mit Unruhen und Streiks den Kampf gegen Israel aufgenommen, der von beiden Seiten mit äußerster Erbitterung geführt wurde. Nur langsam ist in den letzten Jahren ein Friedensprozess in Gang gekommen. Blutige Terroranschläge und fragwürdige politische Entscheidungen halten aber bis heute die Angst und den Hass auf beiden Seiten wach.

Wenn die Religionen diesen langen Kampf auch nicht verursacht haben, so sind sie doch in diesen Kampf einbezogen. Der israelisch-arabische Konflikt der Völker ist auch ein jüdischislamischer Konflikt der Religionen. Sowohl der jüdische wie auch der arabische Nationalismus wird von der Religion bestärkt, weil für Juden und Muslime das Land nicht nur ein materielles Gut ist, sondern eine religiöse Qualität hat. Nationalistische und fundamentalistische Richtungen schüren bis heute auf beiden Seiten den Hass. Gerade solche Menschen, die sich für besonders fromm halten, haben im Namen Gottes einen "heiligen Krieg" geführt, schreckliche Gewalttaten verübt und unermessliches Leid angerichtet. Doch gibt es auf israelischer und arabischer Seite auch Männer und Frauen, die sich in bewundernswerter Weise über alle Grenzen hinweg für den Frieden einsetzen. Besonders die Mütter sind aktiv geworden. Selbst kleine Schritte auf diesem Weg erfordern großen Mut. Prominenteste Opfer des Friedensprozesses sind der ägyptische Staatspräsident Anwar al Sadat und der israelische Ministerpräsident Jitzchak Rabin, die beide als Repräsentanten ihrer Völker bereit waren, sich auf friedliche Kompromisse einzulassen und der anderen Seite die Hand zu reichen. Dafür wurden sie von religiös fanatisierten Landsleuten heimtückisch ermordet. Bis jetzt haben sich die Kräfte des Friedens, die es in beiden Religionen gibt, nicht entscheidend durchsetzen können. Aber an ihnen hängt die große Hoffnung auf eine bessere Zukunft.

4. Christliche Besucher aus Deutschland in Israel

Christen aus Deutschland wird bei ihrem Besuch in Israel auch der geschichtliche Zusammenhang zwischen der Vernichtung eines großen Teils des jüdischen Volkes durch den Nationalsozialismus und der Tatsache der Gründung des Staates Israel wahrnehmbar. Ihnen sind ja diejenigen Juden in das Heilige Land vorausgegangen, für die der Weg ins "Land der Väter" der einzige Ausweg aus Hitlers Massenmord an der Judenheit Europas war. Wer den Mord an den jüdischen Männern, Frauen und Kindern seiner Heimat vergessen wollte, hätte sich den Zugang zum Verständnis der Existenz des Staates Israel und des in ihm lebenden Judentums verbaut. Ein solcher Zugang bietet sich beim Besuch der nationalen Gedenk- und Dokumentationsstätte für die Opfer des Nationalsozialismus "Yad Vaschem" ("Denkmal und Name" ; vgl. Jes 56,5) in Jerusalem. Die Dokumente des Terrors und der Vernichtung wühlen auf, die Gedenkstätte für die Kinder erschüttert das Gemüt, und das Tal der vernichteten Gemeinden lässt erahnen, welchen unermesslichen Verlust das jüdische Volk erlitten hat, und um wie viel ärmer Deutschland und Europa durch den nationalsozialistischen Massenmord am jüdischen Volk geworden sind. Christliche Gäste aus Deutschland können sich der Scham, Trauer und Klage kaum entziehen. So schmerzlich das Erinnern und Gedenken an diesen Stätten des Gedenkens und Erinnerns für christliche Reisende aus Deutschland ist, es ist für die volle und gegenwartswache geistliche Dimension ihrer Heilig-Land-Reise unverzichtbar. Sie mögen es als Verpflichtung erleben, das ihnen Mögliche zu tun, damit sich Ähnliches nie wiederhole weder im deutschen noch im christlichen Namen.

Es kann für christliche Gäste aus Deutschland zum Schmerz der geschichtlichen Vergegenwärtigung sehr schnell die Herausforderung durch den andauernden aktuellen politischen Konflikt hinzukommen.

Wenn sie den Menschen im Land begegnen, werden sie unvermeidlich in die Auseinandersetzung einbezogen. Von allen am Konflikt und seiner Überwindung beteiligten Seiten sehen sie ihr Verständnis und ihre Loyalität eingefordert. Ihr Dilemma ist beträchtlich. Welche politische Stellung sie auch beziehen, sie müssen sich vor undifferenzierten Urteilen hüten. Ihr Wissen um die geschichtlichen Bezüge wie auch ihre Ablehnung von Gewalt als Mittel zur Lösung innen- und außenpolitischer Konflikte lassen sie zu unzweideutigen Befürwortern des Friedensprozesses werden.

III. Hoffnung

1. Ökumene heute

Christen, die das Heilige Land aufsuchen, können bei allem Realitätssinn, der die Spannungen und Konflikte im Lande wahrnimmt, eine Stärkung ihrer Hoffnung erfahren. Sie sehen sich mit ihrer Hoffnung an die Seite von Juden und Muslimen gestellt. Seit Abraham den "Völkersegen" empfing, lebt im jüdischen Volk die Hoffnung auf Frieden und Heil. Beides ist diesem Volk zugesprochen und ebnet den Weg zu den Völkern. Christliche Reisende, die aus einer säkularisierten Umgebung ins Land kommen, werden selbst zum Zeichen der Hoffnung auf jene endzeitliche "Völkerwallfahrt", von der die Propheten sprechen (Jes 2,1-5; Micha 4,1-5). Das Zweite Vatikanische Konzil hat von dieser Gemeinsamkeit der Hoffnung auf den Tag gesprochen, "an dem die Völker mit einer Stimme den Herrn anrufen und ihm Schulter an Schulter dienen" (Zef 3,9). Die Gemeinsamkeit endzeitlicher Hoffnung verbindet Judentum und Christentum auch mit dem Islam; das Jüngste Gericht gehört zum Grundbestand der Verkündigung Mohammeds, und der Koran spricht in zahlreichen Suren auch von der Auferstehung. In der Hoffnung auf eine von Gott gewährte Zukunft treffen sich über Religionsgrenzen hinweg die Sehnsüchte der Menschen in Judentum, Christentum und Islam.

Ihren Konflikten in Geschichte und Gegenwart zum Trotz haben die monotheistischen Religionen eine kräftige Basis einer Ökumene im weiteren Sinn. Sie bekennen gemeinsam den einen Gott, den Schöpfer des

Himmels und der Erde, und seine Taten zum Heil der Menschen: Gott hat sich dem Abraham offenbart und durch die Propheten gesprochen; er richtet am Ende der Tage die Lebenden und die Toten, und sein Reich wird kein Ende haben.

Abraham ist für die drei Religionen eine überragende Gestalt. Für das jüdische Volk ist er der erste der drei großen Patriarchen, "unser Vater" (vgl. Jes 51,2; Sprüche der Väter V,3f). Den christlichen Gläubigen begegnet Abraham im ersten Satz des Neuen Testaments (Mt 1, 1: "Stammbaum Jesu Christi, des Sohnes Davids, des Sohnes Abrahams") und er gilt ihnen als Vater im Glauben (vgl. Röm 4) und" Freund Gottes" (Jak 2,23; vgl. Jes 41,8). Für den Islam ist Abraham Vorbild im Gehorsam und in der Hingabe an Gott, weshalb er im Koran mehrfach der "erste Muslim" genannt wird.

Jerusalem ist allen drei Religionen die Heilige Stadt. Seit der Eroberung durch David, der Hineinführung der Lade Gottes und dem Bau des Tempels durch Salomo ist es Hauptstadt und zentraler Kultort Israels. Jerusalem hat seine zentrale Stellung für das jüdische Volk weder durch die Zerstörung des Zweiten Tempels 70 n. Chr. noch durch das jahrhundertelange Exil verloren. Seit der Gründung des Staates Israel wird Jerusalem vom jüdischen Volk in Israel und der Diaspora ganz neu und intensiv, wenn auch konfliktträchtig als sein Zentrum erfahren. Für die christlichen Kirchen wurde Jerusalem durch das Leiden, Sterben und die Auferstehung Jesu, durch die Herabkunft des Geistes Gottes auf die dort versammelten Jünger und die Bildung der Urkirche zum zentralen Ort ihrer Heilsgeschichte. Muslime verehren Jerusalem als den heiligen Ort, an dem die Propheten Gott angerufen haben und von dem Mohammed in seinem nächtlichen Ritt zum Himmel stieg.

Die monotheistischen Religionen teilen auch viele ethische Grundhaltungen. An erster Stelle steht für den Islam die Unterwerfung unter den Willen Gottes. Seine Anhänger nennen sich stolz "Muslime", d. h. Menschen, die sich ganz dem Willen Gottes unterworfen haben, wie es schon Abraham getan hat. Zur Unterwerfung tritt für jüdisches und christliches Verständnis die Notwendigkeit der Umkehr, wie die Propheten und Jesus sie gepredigt haben. Für sie meint die religiös-sittliche Forderung besonders die Liebe zu Gott und die Liebe zum Mitmenschen (vgl. Dtn 6,5; Lev 19,18; Mk 12,30f par.). Sie ist ausgerichtet auf eine Welt der Gerechtigkeit und des Friedens, wie sie im Reiche Gottes ihre Vollendung finden wird.

Die jüdisch-christlich-muslimische Verbundenheit kommt in Ansätzen ökumenischer Begegnungen zum Ausdruck. Diese spielen sich auf drei Ebenen ab. Im sozialen Bereich gibt es gemeinsame Projekte, die gewöhnlich von der jüdischerseits angeregten Israelischen Interkonfessionellen Vereinigung von Juden, Christen und Muslimen (ICCI) wahrgenommen werden. Die Jahre der "Intifada" haben die sozialen Gemeinschaftsinitiativen oft zurückgeworfen. Zu den bekanntesten zählt Neve Shalom bei Jerusalem. Neve Shalom ist eine kooperative Dorfgemeinschaft jüdischer und palästinensischer - muslimischer und christlicher - Familien, die auf der Basis ihrer israelischen Staatsangehörigkeit die Möglichkeit der Koexistenz zu leben versuchen; sie unterhalten nicht nur einen Kindergarten und eine Grundschule, sondern auch eine Schule des Friedens, welche durch Kurse und Seminare die Wahrnehmung der Komplexität des israelisch-palästinensischen Konflikts schärfen und das Verstehen zwischen Juden und Palästinensern fördern will. Weitere in der Dachorganisation ICCI vereinigte interreligiöse Projekte in Dörfern und Städten ermöglichen die Begegnung von Juden, Christen, Muslimen und Drusen.

Auf akademischer Ebene hat sich seit der Staatsgründung Israels ein fruchtbares Gespräch zwischen jüdischen und christlichen Gelehrten entwickelt. Verschiedene Gruppen widmen sich diesem Anliegen, so die "Ökumenisch-Theologische Forschungsgemeinschaft in Israel". Muslimische Vertreter haben starke Vorbehalte gegen ein mit westlich-abendländischer Methodik geführtes Religionsgespräch; es gibt jedoch eine Zusammenarbeit auf dem Feld der wissenschaftlichen Islamkunde.

Auf spiritueller Ebene begegnen sich jüdische, christliche und muslimische Männer und Frauen zu Gesprächen, zum gegenseitigen Kennenlernen ihrer Gebetstradition und auch zu gelegentlichen gemeinsamen Versammlungen im Gebet.

Während ein religiöses Gespräch mit muslimischen Gläubigen auf die genannten Schwierigkeiten stößt, ist für Christen die Begegnung mit dem Judentum leichter. Sie kann in Israel zu einem nachhaltigen Erlebnis werden. Die Einladung eines jüdischen Gesprächspartners zu einem Gespräch sowie der Besuch eines Synagogengottesdienstes sollten zum Programm jeder Reise einer christlichen Gruppe im Heiligen Land gehören. Christliche Gäste des Landes lernen so neu verstehen, dass die Wurzeln des Christentums im Judentum liegen und es ihm in Glaube, Ethos und Liturgie untrennbar verbunden bleibt.

Die "große Ökumene" der Religionen hat auch die innerchristliche Ökumene gefördert. Die Ökumene im engeren Sinn als Bemühung um Verbundenheit und Einheit der Kirchen wird allerdings für christliche Besucher des Heiligen Landes nicht immer erfahrbar. Eher vermissen sie an den heiligen Stätten den ökumenischen Geist. Die Stätten sind unterschiedlichen Kirchen unterstellt. Gottesdienste werden getrennt gefeiert. In kaum einem anderen Land erscheint die Ökumene so dringlich wie im Heiligen Land. Und es gibt auch ökumenische Initiativen, Beratungen und Begegnungen. Die christlichen Konfessionen werden sich mehr und mehr bewusst, dass sie nicht nur in einer politisch-sozialen, sondern auch in einer religiösen Diaspora leben. Im Unterschied zu ihrer Vergangenheit schätzen sie nun das Gemeinsame höher als das, was sie voneinander trennt. Zunehmende Bedeutung erlangt die Gebetswoche der Einheit im Januar nach dem armenischen Weihnachtstag (18. - 19. Januar). Die verschiedenen Patriarchen und Bischöfe laden zu einem Gottesdienst in ihre jeweilige Kirche ein und stellen dabei ihre kirchliche Gemeinschaft und Tradition vor. Den Höhepunkt der Gebetswoche bildet der gemeinsame Gottesdienst im Abendmahlssaal, wo alle Konfessionen zusammenkommen und sich so an die Völkerwallfahrt der prophetischen Vision und an das Pfingstgeschehen "am gleichen Ort" (vgl. Apg 2,2) erinnern. Die Gebetswoche ist zu einem prophetischen Zeichen der erhofften Einheit geworden. Daneben gibt es weitere Zeichen der Verbundenheit - z.B. die bauliche Sanierung und Neugestaltung der Apsis über der Grabeszelle der Grabeskirche zu Jerusalem, die gemäß einvernehmlicher Abstimmung zwischen dem griechischen, armenischen und lateinischen Patriarchat im Januar 1997 abgeschlossen wurde. So spricht man von einer "Ökumene der Zeichen" in Jerusalem.

Das Bewusstsein, dass eine vereinte Christenheit von Jerusalem für die Ökumene der Weltkirche bedeutsam ist, wächst. Von ihm zeugt auch der Ökumenische Pastoralplan des lateinischen Patriarchats aus dem Jahr 1990, in dem es u.a. heißt: "Als direkte Erbin der Urgemeinde ist die Kirche Jerusalems Trägerin einer besonderen ökumenischen Berufung inmitten der universalen Kirche. ... Jerusalem trägt im Keim alle unterschiedlichen Traditionen und ist berufen, die Einheit in der Verschiedenheit ganz konkret zu verwirklichen. ... Als 'Mutter aller Kirchen' ist sie ein Symbol, ein 'Mikrokosmos', wo alle Reichtümer und auch alle Schwächen wie in einem 'Laboratorium' präsent sind. ... Die Christen Jerusalems empfinden alle ein starkes Bedürfnis der Einheit und ersehnen sie. Die Bilder der Begegnung von Papst Paul VI. mit den Patriarchen Athenagoras und Benedictos vom Januar 1964 in unserer heiligen Stadt bleiben eine Sehnsucht und ein Ideal. Sie empfinden es als Enttäuschung, dass das, was sie damals als möglich erblickt haben, sich noch nicht verwirklicht hat. Aber sie wollen dennoch den gemeinsamen Weg gehen." Die Patriarchen und Häupter der Kirchen und kirchlichen Gemeinschaften haben in einem gemeinsamen Memorandum vom 14. November 1994 die Bedeutung Jerusalems für die Christenheit betont und schließen mit den beschwörenden Worten: "Jerusalem ist ein Symbol und eine Verheißung der Gegenwart Gottes, der Brüderlichkeit und des Friedens für die Menschheit, besonders für die Kinder Abrahams: Juden, Christen und Muslime."

2. Aufgaben zu Hause

Die Hoffnung einer Heilig-Land-Reise bedarf der Bewährung. Solche Bewährung wird in der Heimat konkret durch die offene Begegnung mit den Brüdern und Schwestern jener Kirchen und Religionsgemeinschaften, auf deren Gegenwart die Reisenden im Heiligen Land gestoßen sind.

In Deutschland leben zur Zeit mehr als eine halbe Million orthodoxe Christinnen und Christen. Sie feiern ihre Gottesdienste entsprechend ihren Riten und Traditionen und gestalten ihr Gemeindeleben oft mit Hilfe des Gastrechts in einer katholischen oder evangelischen Ortsgemeinde. Sie gehören unterschiedlicher Nationalität, Sprache und Kultur an. So präsentiert sich die Orthodoxie bei uns in einer Vielzahl von einzelnen nationalen orthodoxen Kirchen; darunter weisen die griechische und die serbische Kirche die meisten Mitglieder auf. Sie alle sind Glieder ein- und derselben "Orthodoxen Kirche". Es verbindet sie derselbe Glaube, dasselbe gottesdienstliche Leben und dieselbe Kirchenordnung. Ihre Einheit findet ihren sichtbaren Ausdruck in der sakramentalen Gemeinschaft der "Göttlichen Liturgie", der Eucharistie. Die Begegnung mit der orthodoxen Kirche bleibt eine Aufgabe und weitet die Ökumene zwischen katholischen und evangelischen Christen zur Begegnung zwischen der "Westkirche" und der "Ostkirche".

Seit den Deportationen durch die Assyrer, Babylonier und Römer ist es das Schicksal des jüdischen Volkes, über die Erde zerstreut zu sein. Christliche Gläubige sind durch den Auftrag des Evangeliums ("Geht hinaus in alle Welt"; vgl. Mt 28,19) auf die ganze Erde als ihre Wirkungsstätte verwiesen. So leben, wenn auch aus unterschiedlichen Gründen, seit Jahrhunderten überall auf der Welt Juden und Christen, die durch Herkunft und Zukunft einen Bezug zum Heiligen Land haben. Dass es nach Auschwitz in dem "Land, dessen jüngste Geschichte von dem Versuch verfinstert ist, das jüdische Volk systematisch auszurotten" (Gemeinsame Synode der Bistümer in der Bundesrepublik, Bekenntnis "Unsere Hoffnung", 1975), noch und wieder jüdische Gemeinden gibt, ist für Christinnen und Christen immer wieder staunenswert. Hinzu kommt eine nicht zu erwartende Entwicklung der letzten Jahre. War die Zahl der jüdischen Gemeinden mit ihren etwa 30.000 Mitgliedern in der Bundesrepublik über viele Jahre relativ konstant, so hat es in den letzten Jahren einen starken Neuzugang gegeben. Aus den Ländern der ehemaligen Sowjetunion sind viele jüdische Familien nach Deutschland gekommen. Man rechnet z.Zt. mit mehr als 80.000 Mitgliedern der jüdischen Gemeinden. Manche Gemeinden haben ihre Mitgliederzahl vervielfacht; an anderen Orten ist es zur Neu- oder Wiederbegründung jüdischer Gemeinden - besonders in den neuen Bundesländern - gekommen. Die heute 75 Gemeinden stehen vor großen Anforderungen. Ihre neuen Mitglieder haben in ihrer früheren Heimat in Russland, der Ukraine oder Weißrussland kaum eine jüdische Bildung erfahren. Sie brauchen Hebräisch- und Religionsunterricht ebenso wie eine Hilfestellung bei der sozialen und beruflichen Integration. Oft fehlt es den Gemeinden an Personal und Räumen, um die Aufgaben erfüllen zu können. In diesen Herausforderungen zeigt sich eine Chance zu einem erneuerten jüdischen Leben in Deutschland an. Wo christliche oder kirchliche Hilfe möglich ist, sollte sie gewährt werden.

Wenn Christen vor Antritt ihrer Reise sich über Geschichte und Gegenwart des Judentums in ihrer Heimat informieren und nach Möglichkeit jüdische Gemeinden aufsuchen, werden sie das Judentum in Israel besser verstehen. Sie werden aber auch die jüdischen Bürger ihrer Heimat besser begreifen, wenn sie dem Judentum in Israel begegnet sind. Die Begegnung mit den jüdischen Menschen in der Heimat ist zugleich Bewährung derjenigen Lehren, die die Fahrt ins Heilige Land vermittelt hat. Christliche Solidarität ist mehr als ideelle Verbundenheit. Sie bemüht sich um Kontakte, wo sie möglich sind, und bietet Hilfe an, wo sie notwendig ist. Und bei judenfeindlichen Vorfällen bekundet sie Verbundenheit mit den Angegriffenen und protestiert öffentlich gegen Feindseligkeit und Ablehnung gegenüber Juden und Judentum.

Wer ins Heilige Land fahren möchte, sollte sich nach Möglichkeit auch intensiver mit der islamischen Präsenz im eigenen Land befassen. Zum besseren Verständnis muslimischer Frömmigkeit, aber auch der religiös wie sozial nicht einfachen Situation der Muslime in unserem Land können Begegnungen hilfreich sein. Dabei ist Taktgefühl unabdingbar. Die fremdenfeindlichen Angriffe der zurückliegenden Jahre mit entsetzlichen Mordopfern besonders unter der türkischen Minderheit haben nach einer Phase des deutlichen Integrationswillens unter Muslimen eine Tendenz des gesellschaftlichen Rückzugs und der Identitätsvergewisserung ausgelöst. Oft leiden die Kinder muslimischer Familien unter der gesellschaftlichen Isolierung und Ablehnung. Hier müssen Christen Zeichen des Wohlwollens setzen und einen unbefangenen Kontakt mit den muslimischen Familien praktizieren (vgl. zum Anliegen insgesamt die Arbeitshilfe "Christen und Muslime in Deutschland" in der Reihe Arbeitshilfen der Deutschen Bischofskonferenz Nr. 106 aus dem Jahr 1993).

3. Heiligung des Namens

Nicht die Stätten als solche, zu denen Pilger und Pilgerinnen reisen, sind dinghafte Träger von Heiligkeit. Aber der Auftrag zur Heiligung von Mensch und Welt hat von hier seinen Ausgang genommen. Das Heilige Land trägt seinen Namen vom Auftrag und von der Zusage solcher Heiligung her: "Ihr sollt (könnt) heilig sein, denn heilig bin ICH euer Gott" (Lev 19,2). Diesen biblischen Auftrag und die damit verbundene Zusage nehmen christliche Reisende aus dem Heiligen Land mit in ihre Heimat - wie ihn die Judenheit mit genommen hat in die Zerstreuung über die ganze Erde hin. Einmal auf "heiligem Boden" gestanden zu haben, ist nicht bereits die Erfüllung derjenigen Hoffnung, die mit der Reise ins Heilige Land verbunden ist. Aber der von der Bibel bestimmte Mensch - sei er jüdisch, sei er christlich -, der dieses Land gesehen hat, kann erfüllt werden mit neuer Hoffnung, die sich an die Verheißungen knüpft. Das "Land der Verheißung" (das "gelobte Land") trägt seinen Namen, weil es als Gegenstand der Verheißung sichtbares, greifbares Zeichen geworden ist für die Zukunft verheißenen Heils. So spricht das Buch des Propheten Jesaja vom wiederhergestellten Jerusalem als "Zeichen für die Völker" (62,10) und wagt die Vision vom Bund Israels mit Ägypten und Assur (Jes 19,18-25). Auftrag und Zusage der Heiligung sind vom "Heiligen Land" ausgegangen. Sie gelten der ganzen Welt. Juden und Christen wissen sich gerufen zur Heiligung der Welt nicht nur im Land, sondern überall, wo sie stehen.

Papst Pius IX. und die Juden

Stellungnahme vom 21. Juli 2000

Römische Behörden haben angekündigt, dass am 3. September 2000 die Seligsprechung von Papst Pius IX. zu erwarten ist. Dagegen erheben sich aus der Sicht des Gesprächskreises "Juden und Christen" beim ZdK gewichtige Bedenken. Denn jede Seligsprechung ist nicht nur eine Anerkennung persönlicher Frömmigkeit und Lauterkeit, sondern sie soll zugleich ein Zeichen für die Kirche und die Gesellschaft von heute sein. Welches Signal soll durch die Seligsprechung Pius' IX. im Jahre 2000 gegeben werden? Für den Gesprächskreis "Juden und Christen" kann es sich nur um eine Desavouierung all jener Erklärungen und Verlautbarungen handeln, die Papst Johannes Paul II. und mehrere römische Institutionen in Fortführung der Erklärung des Zweiten Vatikanischen Konzils "Nostra aetate" (Art. 4) zum Verhältnis der katholischen Kirche zum Judentum gegeben haben.

Denn darüber ist kein Zweifel möglich: Pius IX. war Antisemit – nicht im Sinne jenes primitiven Rassenantisemitismus der Nationalsozialisten, sondern als Ankläger einer vermeintlichen "Verjudung der Gesellschaft" in religiösen, kulturellen und wirtschaftlichen Belangen, der es mit allen Mitteln autoritärer Obrigkeit zu begegnen galt.

Wohl ließ Pius IX. während der ersten zwei Jahre seiner Regierung die antijüdischen Zügel lockern, wie mehrere bemerkenswerte Initiativen ausweisen. So gestattete er jenen Juden, deren Häuser in der großen Tiber-Überschwemmung vom Dezember 1846 unbewohnbar geworden waren, vorübergehend außerhalb des jüdischen Ghettos zu wohnen. Dann ersparte er den Vorstehern der jüdischen Gemeinde Roms die entehrende, von Papst Clemens IX. 1668 angeordnete, alljährliche Unterwerfungszeremonie am Karnevalsmontag. Außerdem erließ er den Juden der Stadt die verhasste Zwangspredigt in der Kirche Sant' Angelo in Pesceria. Schließlich ordnete er an, dass in der Nacht vom 17. auf den 18. April 1848 die Ummauerung des jüdischen Ghettos in der Stadt Rom niedergerissen wurde, um so kund zu tun, dass er dieses jahrhun dertealte, steinerne Symbol der Ausgrenzung der jüdischen Mitbürger ein für alle Mal beseitigen wolle.

Leider sind die Erleichterungen für die Juden nur von kurzer Dauer gewesen. Bereits 1850 leitete der Papst einen radikalen Kurswechsel ein; im Wesentlichen kehrte er zu den Verhältnissen des 18. Jahrhunderts zurück. Anders als in allen anderen westeuropäischen Staaten, anders auch als im Königreich Sardinien, wo die Juden bereits die gleichen Rechte wie alle christlichen Mitbürger erhalten hatten, erneuerte Pius IX. im Kirchenstaat die Ghettoisierung der Juden. Äußerlich ließ sich das ablesen an der Tatsache, dass er die Mauern des Ghettos wieder aufrichten ließ. Damit stieß er die jüdischen Bürger Roms zurück in eine Situation, die es zu seiner Zeit in Europa nur noch im russischen Zarenreich gab. Er erneuerte die alten Unterdrückungen der Juden, verweigerte ihnen wiederum die Ausübung der meisten Handwerksberufe und die Übernahme von Verwaltungsämtern. Erneut wurde ihnen der Besitz von Grund und Boden untersagt. Und erneut wurde der Talmud auf den Index der verbotenen Bücher gesetzt, so dass die Juden des Kirchenstaates nicht einmal freien Zugang zu ihren eigenen heiligen Schriften hatten.

Es gab im Kirchenstaat sogar ein Wiederaufleben der Ritualmordgeschichten des Mittelalters. Große Aufmerksamkeit und Abscheu in ganz Westeuropa wie auch in Amerika erregte die vatikanische Wiederaufnahme der offensiv praktizierten Judenmission. Pius IX. konnte sich ein Zusammenleben mit den Juden letztlich nur vorstellen auf der Basis, dass letztere früher oder später zum katholischen Glauben übertraten. Weil trotzdem die Zahl der jüdischen Konvertiten wie in ganz Europa so auch im Kirchenstaat gering blieb, wurden einzelne Übertritte zum Katholizismus stets öffentlich als Siege der katholischen Kirche über die Unwahrheit gefeiert und durch viele materielle Vergünstigungen der Betroffenen belohnt.

Zwar war es nach kanonischem Recht verboten, Kinder von Juden gegen den Willen ihrer Eltern zu taufen - es sei denn in Todesgefahr, oder ein Elternteil habe das Kind ausgesetzt, oder es sei die oder der Betroffene geistig behindert. Diese Ausnahmebestimmungen öffneten der Willkür Tür und Tor. So galt als Praxis, dass ein einmal getauftes jüdisches Kind nicht mehr länger bei seinen Eltern bleiben durfte, es sei denn, dass auch diese zum Christentum übertraten.

Der schlimmste Fall – nur einer von mehreren, die bekannt geworden sind – war die sogenannte Mortara-Affäre: Am Abend des 23. Juli 1858 drang ein Bologneser Polizeikommando in das Haus des jüdischen Kaufmanns Momolo Mortara ein und verlangte die umgehende Herausgabe seines sechsjährigen Sohnes Edgaro. Der Polizeioffizier erklärte den entsetzten Eltern, dass ihr Sohn seit langem Christ sei, wie sich erst jetzt herausgestellt habe. Dem Vernehmen nach hatte vor Jahren eine christliche Dienstmagd den Knaben heimlich getauft, als dieser krank zu Bett lag. Geltendes Recht verlange deshalb, dass der Junge aus dem jüdischen Haus entfernt und christlich erzogen werde. Man brachte den Jungen in einem Akt obrigkeitlicher Kindesentführung nach Rom und erzog ihn dort in christlichem Sinne. Als dieser Vorgang in ganz Europa einen Aufschrei der Entrüstung hervorrief, tat Pius IX. ein Übriges, um seinen Rechtsstandpunkt provokant zu dokumentieren. Er nahm sich des Jungen in besonderer Weise an und adoptierte ihn schließlich, als dieser dreizehn Jahre alt war. Später trat Edgaro als Novize in den Orden der lateranischen Kanoniker ein, wurde Mönch im Kloster San Pietro in Vincoli und nahm zu Ehren seines Adoptivvaters den Namen Pio an. 1873 wurde Pio Mortara zum Priester geweiht und starb hochbetagt im Jahre 1940.

Über die Protestnoten jüdischer Gemeinden Italiens, Englands, Frankreichs, Deutschlands, Amerikas und Roms, auch über die diplomatischen Demarchen aus Großbritannien, Preußen und Russland, ja selbst über die Mahnungen aus den befreundeten Staaten Frankreich und Österreich hat sich Pius IX. selbstgefällig hinweggesetzt. Solche Haltung kann heute nicht als vorbildlich hingestellt werden.

Nachdem die Juden des ehemaligen Kirchenstaates und der Stadt Rom die formelle rechtliche Gleichstellung mit allen anderen Bürgern des Königreichs Italien erhalten hatten, hat sich Pius IX. in Predigten und Ansprachen zu hasserfüllten Tiraden gegen die Juden hinreißen lassen, die zu wiederholen sich einfach verbietet.

Die Beziehung zwischen Juden und Katholiken in der Welt hat sich seit dem Zweiten Vatikanischen Konzil stetig zum Guten entwickelt. In den letzten Jahrzehnten hat gerade Papst Johannes Paul II. Wesentliches dazu beigetragen. Eine Seligsprechung von Pius IX. würde das Verhältnis zwischen Juden und Katholiken in einer unerträglichen Weise belasten und insbesondere alles in Frage stellen, was die Kirche in den letzten Jahrzehnten an Positivem erreicht hat. Hier steht die Glaubwürdigkeit des Papstes und seiner Kirche auf dem Spiel. Eine Seligsprechung Pius´ IX. würde ein Band zerstören, an dem Juden und Katholiken gemeinsam Jahrzehnte lang mühevoll gearbeitet haben. Frühere Ausschreitungen am jüdischen Volk wurden von Papst Johannes Paul II. am ersten Fastensonntag 2000 öffentlich vor aller Welt bereut. Wie kann man im selben Jahr einen Papst wie Pius IX. selig sprechen, dessen Taten im krassen Widerspruch stehen zum Schuldbekenntnis von Papst Johannes Paul II.?

Mary C. Boys

Die Straße bahnt sich beim Gehen

Mehrmals habe ich die Dokumente des Gesprächskreises "Juden und Christen" gelesen, sowohl weil sie eine wiederholte Lektüre verdienen als auch um mein Gedächtnis aufzufrischen, bevor ich mich an die lange aufgeschobene Aufgabe setze, eine Antwort auf sie zu geben. Als ich sie heute nochmals las, kamen mir spontan Fragmente aus den Gesprächen zwischen den Teilnehmern und Teilnehmerinnen eines meiner Seminare in den Sinn. Das will ich zu Beginn an ein paar Beispielen verdeutlichen.

Meinen Kurs "Studien zu jüdisch-christlichen Beziehungen" besuchen ebenso viele Juden wie Christen. Diese seltene Chance verdankt sich teilweise der Tatsache, dass das *Jewish Theological Seminary of America* seinen Sitz auf der anderen Straßenseite meiner Institution hat, dem *Union Theological Seminary*. Einige der Juden (fast alle wollen Rabbiner oder Rabbinerinnen werden) sind Kinder oder Enkel von Überlebenden – und "die Schoa ist eine tiefe Wunde, die immer noch blutet"[1]. Die meisten von ihnen haben wenig Gelegenheit, sich ernsthaft mit Christen zu beschäftigen. Anscheinend hatten auch die christlichen Teilnehmerinnen und Teilnehmer, die aus verschiedenen Kirchen kommen, nur selten eine tiefere Begegnung mit Juden. Trotz der relativen Neuheit einer solchen Dialogsituation sind die Seminarveranstaltungen von einer bemerkenswerten Aufrichtigkeit geprägt. Die Teilnehmer begegnen sich nicht nur im offiziellen akademischen Rahmen, sondern auch in informellen Studiengruppen bei einer gemeinsamen Mahlzeit oder einem Spaziergang im Freien, wenn es ihnen gefällt. Sie beteiligen sich ferner an dem "Offenen Forum" auf der Internetseite des Seminars; dieser offene Austausch setzt die Gesprächsbeiträge des Seminars fort und entwickelt sie weiter. Die Website enthält auch etliche Beiträge von Persönlichkeiten, die am jüdisch-christlichen Dialog beteiligt sind, und sie hat Links zu vielen einschlägigen Websites.

---

[1] Dieses wie die folgenden Zitate sind entnommen: Nach 50 Jahren – wie reden von Schuld, Leid und Versöhnung?

Da unsere Seminarsitzung letzte Woche den Holocaust zum Thema hatte, ist es nicht verwunderlich, dass das Dokument des Gesprächskreises, das mich am tiefsten beeindruckte, die Erklärung "Nach 50 Jahren – wie reden von Schuld, Leid und Versöhnung?" war. Ich sehe die Gesichter der Studentinnen und Studenten vor mir, wenn ich dort Sätze lese wie: "In den letzten drei Jahren erkannten wir Christen erneut, dass es eigentlich ein Wunder ist, wenn ein Jude nach allem, was seinem Volk und seinen Verwandten und Bekannten an Leid und Unrecht angetan worden ist, eine ihm entgegengestreckte Hand ergreifen kann." Aber nicht nur in Deutschland, wo die Last der Vergangenheit so schwer ist, sondern auch hier in New York gilt: Die Geschichte anschauen ist eine kaum auszuhaltende Aufgabe. Es ist wirklich ein Wunder, dass diese Juden und Jüdinnen den Broadway jede Woche überqueren, um sich mit Christinnen und Christen zu treffen, ein Wunder, dass Freundschaften entstehen, ein Wunder, dass sich Vertrauen entwickelt.

Vorige Woche begannen zwei Studenten ihren Gesprächsbeitrag mit der Vorbemerkung: "Vielleicht kann ich das nicht richtig ausdrücken. Seid bitte nicht gekränkt deswegen – aber ich muss es einfach sagen." Ich habe oft den Eindruck, dass wir in Amerika in derselben Verlegenheit stecken wie der Gesprächskreis in Deutschland: Wie können wir reden? Das habe ich auch selbst erfahren. Beispielsweise studierten wir einmal das Johannes-Evangelium zusammen und benutzten als einen unserer Kommentare das Buch von Adele Reinhartz, *Befriending the Beloved Disciple: A Jewish Reading of the Fourth Gospel* [Dem Lieblingsjünger zur Seite stehen. Eine jüdische Lesart des Vierten Evangeliums]. Gerade angesichts der offenen Auseinandersetzung der Autorin mit dem Evangelisten Johannes standen wir vor der Frage: Wie können *wir* über diesen Text reden – ein Text, der den christlichen Mitgliedern unseres Seminars immer noch heilig ist, aber jetzt mit viel größerem Schmerz gelesen wird? Wie können *wir* über diesen Text heute sprechen, da wir jetzt wissen, was sich in der Geschichte unserer beiden Traditionen ereignet hat? So schrieb eine Jüdin in unserem offenen Forum: "Für mich als Enkelin eines Holocaust-Überlebenden ist die antijüdische Rhetorik im Johannes-Evangelium, so berechtigt sie auch im historischen Kontext sein mag, im Licht der jüngsten Geschichte schwer zu akzeptieren. Auch wenn ich mich zu verstehen bemühe, wieso das Vierte Evangelium zu seinem maßgeblichen Einfluss auf Christen und Christinnen kam, liegt dennoch der Schatten der Schoa schwarz und drohend über ihm."

In den vielen Jahren, in denen ich dieses Evangelium studiert habe – am Anfang unter der Anleitung meines verstorbenen, verehrten Lehrers Raymond E. Brown –, hat nichts auf mich einen solchen Eindruck gemacht wie das, was ich von jüdischen Studentinnen und Studenten hier höre. Ich habe die Ergebnisse von Büchern und Artikeln gelesen, die den antijüdischen Charakter des Johannes-Evangeliums analysieren, und ich bin dankbar für das, was mich diese Lektüre gelehrt hat. Doch ein Lernen, das weit mehr unter die Haut geht, verdanke ich Studenten, wenn beispielsweise einer im Seminar sagt: "Ich respektiere die Komplexität der Situation, aus der dieser Text stammt. Aber 'der andere' zu sein, über den der Text spricht, tut doch sehr weh."

Deshalb will ich die Wichtigkeit von grenzüberschreitenden Gesprächen unterstreichen, besonders wenn es sich um schwierige Sachverhalte handelt. "Wir haben uns um das bemüht, was wir gemeinsam sagen können", schreibt der deutsche Gesprächskreis. Dessen Arbeit ist in sich selbst ein Wunder – aber es ist auch wirklich Arbeit.

> Walker, walker, there is no road.
> Walker, walker, there is no road.
> The road is made by walking.

[Wanderer, Wanderer, es gibt keine Straße. Wanderer, Wanderer, es gibt keine Straße. Die Straße bahnt sich beim Gehen.] So schreibt der spanische Dichter Antonio Machado. Das "Gespräch" zwischen Juden und Christen ist ein Wandern, das die Straße bahnt, aber es ist harte Arbeit.

Ein Aspekt dieser Arbeit ist die Befragung der Tradition nach Weisheit, die helfen mag, dass unser Gespräch ein gemeinsamer Gang wird. Der Gesprächskreis aus Deutschland gibt dafür ein Modell an die Hand, indem er die traditionellen katholischen und jüdischen Bußlehren zu Hilfe nimmt, obwohl die Autoren anerkennen, dass diese Quellen der heutigen Situation völlig unangemessen sind. Zurecht erkennen sie an, dass die Schoa – und die Jahrhunderte der "Lehre der Verachtung", die ihr vorausgingen – alles grundlegend verändert hat: "So hilfreich die überlieferten Lehren über Umkehr und Buße auch für die Versöhnung von Juden und Christen sein mögen, wenn wir sie für die Überwindung von Unrecht anwenden wollen, für das eine Gemeinschaft als Ganze Verantwortung übernehmen muss gegenüber einer Gemeinschaft, der als Ganzer Unrecht getan wurde, kommen wir nicht umhin festzustellen, dass die traditionellen Verhaltensweisen tiefer und neu bedacht werden müssen."

"Beide müssen aufeinander zugehen, beide müssen wieder zueinander finden können", heißt es dort. Hier kommt mir wieder mein Seminar in den Sinn. Das Überqueren der Straße zur Schule des anderen ist nur ein Anfang. Ebenso ist das Treffen in einem Café für einen Kaffee oder die Teilnahme am Gottesdienst der Gemeinde des anderen nur ein Schritt auf dieser Reise. Und dennoch, wenn wir als unseren bescheidenen Beitrag den ersten Schritt aufeinander zu tun, ist das nicht eine Hilfe, die Wunden der Geschichte zu heilen? Ist nicht schon der kleinste Schritt ein Wunder? In einer Zeit, in der Hoffnung so wenig zu greifen ist, ist es lebenswichtig, für jeden Augenblick dankbar zu sein, in dem wir einen Weg zueinander finden.

Übersetzung: Hanspeter Heinz, Augsburg

Ernst Ludwig Ehrlich

Schritte zu einer theologischen und menschlichen Neubesinnung

Der 1970 auf dem Trierer Katholikentag geforderte Gesprächskreis "Juden und Christen" hat seit seinem Bestehen eine erstaunliche Arbeit geleistet. In seiner Art ist er einzig in der Welt. Schon sehr früh hat er die theologischen Probleme zwischen Katholiken und Juden thematisiert und dazu mehrere Erklärungen veröffentlicht, die vom Präsidium des Zentralkomitees der deutschen Katholiken (ZdK) gutgeheißen wurden. Dieser theologische Dialog ist nicht zuletzt auf die tiefen wissenschaftlichen und menschlichen Einsichten des allzu früh verstorbenen Aachener Bischofs Klaus Hemmerle zurückzuführen, der Geistlicher Assistent des ZdK war. Das grundlegende Dokument trägt den Titel: "Theologische Schwerpunkte des jüdisch-christlichen Gesprächs". Schon damals, im Jahr 1979, galt es dem Kreis als selbstverständlich, dass eine missionarische Absicht von Christen gegenüber Juden absurd ist. Gemeinsamkeiten und Divergierendes werden unmissverständlich zum Ausdruck gebracht, und es werden Vorurteile abgebaut - etwa der christliche Vorwurf, Juden würden einer "Werkgerechtigkeit" anhängen. Christen wiederum betonen die strenge Verpflichtung auf den Einen Gott Israels, weil es gerade ihr Glaube an Jesus Christus ist, der ihnen den Gott Israels vermittelt und darstellt. Die Beispiele zeigen, dass im gegenseitigen Sich-Befragen zugleich die Heilsbedeutung des anderen Weges ein Stück weit anerkannt wurde.

Auch zu politischen Ereignissen wurde Stellung genommen, zum Beispiel 1988, als sich zum 50. Male die Reichspogromnacht jährte. Dem Gesprächskreis ging es freilich nicht nur um eine politische Aussage über den Abscheu vor jenen Geschehnissen, sondern auch um den Versuch, gemeinsam über Schuld, Buße und Umkehr nachzudenken. Die Erklärung wurde am 29. April 1988 der Vollversammlung des ZdK vorgelegt. Teilnehmer haben später bezeugt, dass dies die eindrücklichste und emotionalste Sitzung des ZdK gewesen ist. Hier wurde in einem großen Forum eine Solidarität sichtbar, die es früher zwischen Juden und Katholiken leider nicht gegeben hatte.

1996 hat sich der Gesprächskreis zum neuen "Katechismus der Katholischen Kirche" geäußert und beklagt, dass der kirchliche Antijudaismus, der seine Wurzeln in der Ablösung der frühen Kirche vom Judentum hat, nicht angesprochen wurde. Ein Katechismus nach der Schoa hätte auf die Schuldgeschichte der früheren Katechismen hinweisen müssen.

Eine besondere Belastung in der Beziehung zwischen Juden und Katholiken war die Errichtung des Karmel-Konvents in Auschwitz. Es hat Jahre gedauert, bis durch ein Machtwort von Papst Johannes Paul II. dieses ärgerliche Problem gelöst werden konnte. In der Stellungnahme des Gesprächskreises heißt es: "Auschwitz muss vor jeglichem Versuch geschützt werden, es für Interessen von Gruppen oder von Wahrheitsansprüchen von Institutionen, welcher Art auch immer, zu missbrauchen". Der Text fährt fort: "Im Eingedenken von Auschwitz müssen wir Christen uns bewusst machen ..., dass wir viel von unserer Glaubwürdigkeit eingebüßt haben, weil wir damals als kirchliche Gemeinschaften – trotz des beispielhaften Verhaltens Einzelner – mit dem Rücken zum Leiden des jüdischen Volkes gelebt haben ...".

In seiner Stellungnahme "Nachdenken über die Schoa" geht der Gesprächskreis auf die Erklärung der "Vatikanischen Kommission für die religiösen Beziehungen zu den Juden" vom März 1998 ein. Er vermisst ein klares Wort zur Mitschuld und Verantwortung der Kirche. Hier war die deutsche Bischofskonferenz anlässlich der 50. Wiederkehr der Reichspogromnacht mutiger, als sie betonte: "... dass die Kirche, die wir als heilig bekennen und als Geheimnis verehren, auch eine sündige und der Umkehr bedürftige Kirche ist". Denn es haben sich nicht nur einzelne Christen schuldig gemacht, sondern seit dem Mittelalter auch Konzilien, die den Juden wegen ihres "Unglaubens" viele demütigende Beschränkungen auferlegten. Der Gesprächskreis hat klargestellt, dass der heidnische Antisemitismus des NS-Regimes nicht möglich gewesen wäre ohne die Grundlegung des christlichen Antijudaismus. Es wird auch die Rolle von Papst Pius XII. erwähnt, der zumindest als Bischof von Rom öffentlich für die Juden seiner Stadt hätte eintreten müssen, als diese unter seinen Fenstern 1943 nach Auschwitz deportiert wurden. Eine solche Aktion hätte Vorbildwirkung für andere Bischöfe gehabt. Kritisch wird ferner vermerkt, dass der Vatikan nach 1945 Kriegsverbrechern die Flucht in den Nahen Osten und nach Lateinamerika ermöglicht hat. Johannes Paul II. hat hier wieder das rechte Wort gefunden, wenn er 1994 sagte, Christen hätten "der Welt statt eines an den Werten des Glaubens inspirierten Lebenszeugnisses den Anblick von Denk- und Handlungsweisen geboten, die geradezu Formen eines Gegenzeugnisses und Skandals darstellten" (Tertio millenio adveniente, Nr. 33).

Besonders unglücklich war die Seligsprechung von Pius IX. im September 2000. Der Gesprächskreis hat in einer Stellungnahme auf den beweisbaren Antisemitismus gerade dieses Papstes hingewiesen, der sich in Predigten und Ansprachen zu hasserfüllten Tiraden gegen die Juden hatte hinreißen lassen. Ferner wurde er berüchtigt, als er am 23. Juli 1858 das jüdische Kind Edgaro Mortara aus dem Haus seiner Eltern rauben ließ – eine Untat, die damals in ganz Europa einen Aufschrei der Entrüstung hervorrief.

Außer Erklärungen zu fundamentalen und zu aktuellen Themen hat der Gesprächskreis zwei Broschüren veröffentlicht: die eine mit dem Titel "Reise in das Heilige Land" (1998). Die andere ist das Büchlein "Auschwitz, Geschichte und Gedenken" (2002), das in Berlin in einer Pressekonferenz vorgestellt wurde und als grundlegend für dieses Thema gelten darf.

Wenn man außer diesen Dokumenten auch die intensive Arbeit des Gesprächskreises auf den deutschen Katholikentagen zur Kenntnis nimmt, könnte man meinen, die gesamte katholische Kirche in Deutschland hätte eine entscheidende Wende gegenüber der Vergangenheit vollzogen. Das trifft zweifellos für die Deutsche Bischofskonferenz und das ZdK zu. Es ist jedoch bisher nicht gelungen, die Basis in Gemeinden und Schulen für diese wichtige Thematik zu gewinnen. Zwar ist dort kein spezifischer Antisemitismus nachzuweisen, aber es herrscht nach wie vor eine beträchtliche Gleichgültigkeit vor und ein großes Unwissen über das Judentum, obwohl Papst Johannes Paul II. immer wieder die enge Verbundenheit der Kirche mit dem Judentum hervorhebt. Wo liegen die Gründe für diese Situation? Sind es immer noch tief verankerte Vorurteile aus einer langen Geschichte? Ist es die Tatsache, dass die jüdische Minderheit in Deutschland aus verschiedenen Gründen wenig Kontakt zu ihrer Umwelt hat? Ist es ein Ausdruck des allgemeinen Trends, dass man sich nur für aktuelle politische oder innerkirchliche Probleme interessiert?

Was auch immer vorliegen mag, die Erkenntnis der letzten Jahrzehnte ist gefestigt: dass Christen mit Juden in einer einzigartigen Beziehung stehen wie mit keiner anderen Religion. Gemeinsam haben sie die Hebräische Bibel, das so genannte Erste Testament. Allmählich wurde auch erkannt, dass Jesus der Jude in einer jüdischen Welt lebte und wirkte, so dass der große Lehrer des Judentums Leo Baeck 1938 ein Buch schreiben konnte mit dem Titel: "Das Evangelium als Urkunde der Jüdischen Glaubensgeschichte". Gewiss dürfen die theologischen Unterschiede der beiden Religionen nicht verwischt, soll die jeweilige Identität gewahrt werden, aber das Wissen um das gemeinsame Fundament muss viel stärker als bisher in das Bewusstsein katholischer Menschen rücken. Doch dankbar stellen wir fest: Der Boden für eine theologische und menschliche Neubesinnung ist bereitet worden. Dazu hat der Gesprächskreis einen wichtigen Beitrag geleistet. In der Zukunft gilt es vor allem, die Geschichte nicht zu verdrängen. Christen müssen sie gründlich studieren, damit sie wissen, woher sie kommen. Dann besteht Hoffnung, dass eine solide Kenntnis über das Judentum in der Kirche und bei den Gläubigen Raum gewinnt.

Der Gesprächskreis hat durch die Aktivitäten auf Katholikentagen und durch seine Publikationen vor allem eine bedeutende innerdeutsche Wirkung erzielt. Durch Reisen nach den USA, Israel, Polen, Ungarn und Frankreich hat er auch im Ausland über seine Tätigkeit und seine Ziele berichtet. Es hat sich jedoch gezeigt, dass dem internationalen Informationsaustausch recht enge Grenzen gesetzt sind. Das ist umso bedauerlicher, als der Gesprächskreis der einzige in der Welt ist, in dem sich die größte katholische Laienorganisation eines Landes im Dialog mit jüdischen Partnern mit dem Verhältnis von Judentum und Christentum befasst. Man sollte überlegen, ob und wie ein ähnliches Gremium auch in anderen Ländern ins Leben gerufen werden könnte. Der

Gesprächskreis selbst wäre überfordert, wollte er eine europäische Dimension annehmen. Derartige Bestrebungen können nur in den einzelnen Ländern selbst entstehen, wobei angesichts der heutigen Verhältnisse die Katholiken auf jüdische Persönlichkeiten zugehen müssten. Auch ist zu bedenken, dass die Arbeit des Gesprächskreises durch die spezielle deutsche Geschichte und Situation bestimmt ist und auf andere europäische Staaten nicht ohne weiteres zu übertragen ist. Es wäre eine Pionierleistung des Zentralkomitees, wenn es ihm gelänge, trotz dieser Probleme die Arbeit des Gesprächskreises für breitere europäische Kreise zugänglich zu machen und sie zu ermuntern, eigene Initiativen dieser Art zu ergreifen. Das wäre ein wichtiger Beitrag zum europäischen Einigungsprozess.

John T. Pawlikowski
Theologische Themen aus dem Dialog ausgrenzen?

Die Veröffentlichungen des Gesprächskreises "Juden und Christen" beim Zentralkomitee der deutschen Katholiken sind ein unschätzbares Arbeitsinstrument für uns, die wir in Nordamerika und international über das Verhältnis von Christen und Juden arbeiten. Sie stellen vor allem deshalb eine Herausforderung dar, weil sie öfters kontroverse Standpunkte zu den Hauptthemen des heutigen Dialogs bieten. In meinen folgenden Bemerkungen möchte ich auf die wichtigsten Themen eingehen.

Lassen Sie mich mit dem *Problem der Theologie* in unseren Gesprächen beginnen. Die deutschen Dokumente bestehen unmissverständlich auf der zentralen Bedeutung der Theologie für den christlich-jüdischen Dialog. Das ist ein bedeutsamer Hinweis, der uns hier in Nordamerika helfen kann, da wir zwar dieselbe Überzeugung teilen, allzu oft aber auf verlorenem Posten gestanden sind. Es ist dem beherrschenden Einfluss der großen jüdisch-orthodoxen Persönlichkeit, Rabbiner Joseph Soloveitchik, zuzuschreiben, dass theologische Themen meist aus dem Dialog ausgegrenzt wurden und werden. Dies selbst von solchen Juden, die sich nicht grundsätzlich mit der orthodoxen Auffassung identifizieren. Das jedenfalls war auf jüdischer Seite über Jahre die vorherrschende Ansicht bei allen Tagungen, die vom *National Workshop on Christian-Jewish Relations*, der nationalen Arbeitsgruppe für christlich-jüdische Beziehungen, veranstaltet worden sind. Anscheinend hat dieselbe Sicht auch die offiziellen Treffen der *Vatikanischen Kommission für die religiösen Beziehungen mit den Juden* und der *Internationalen Kommission für interreligiöse Gespräche* beherrscht.

Mancher Widerstand gegen den dezidiert theologischen Dialog löst sich zur Zeit auf, ist aber in anderen Bereichen nach wie vor sehr stark vertreten - besonders auf jüdischer Seite. Katholischerseits gelten diese Vorbehalte vor allem dann, wenn sich konservative Katholiken an den Gesprächen beteiligen. Während diese Katholiken durchaus offen sind, wenn es um neue spirituelle Einsichten im Austausch mit Juden und deren religiösen Traditionen geht, so befürchten sie doch - ebenso wie viele Juden -, dass ein theologischer Diskurs die Kernwahrheiten katholischen Glaubens beeinträchtigen könnte. Auf katholischer Seite haben die meisten von uns, die wir theologische Gespräche mit Juden gesucht haben, dies in der Annahme getan, dass sich das Selbstverständnis unserer beider Glaubenstraditionen in wichtigen Bereichen gegenseitig befruchten werde - wenn man von der grundsätzlichen Wende der katholischen Auffassung über die Juden und das Judentum ausgeht, die das Zweite Vatikanische Konzil uns gelehrt hat. Indem es die herkömmlichen Enterbungs- und Verwerfungstheorien ein für allemal abgelehnt hat, hat es eine Wende eingeleitet, die Gregory Baum als die grundstürzende Neuerung des ordentlichen Lehramts der katholischen Kirche während des Konzils bezeichnet hat.

Dabru emet, ein jüdisches Dokument über das Christentum, hat die Gespräche über die Rolle der Theologie in den jüdisch-christlichen Begegnungen auf jüdischer Seite zweifellos gefördert. Wenn auch viele Juden einige oder alle wesentlichen Aussagen verworfen haben, so hat der Text doch eine weltweite Diskussion angestoßen - mehr als irgendein anderes Dokument. Ob allerdings *Dabru emet* das christlich-jüdische Gespräch grundsätzlich und auf Dauer in eine neue Richtung anstoßen kann, bleibt eine offene Frage. Es hat aber jedenfalls die wesentliche Bedeutung theologischer Reflexionen bestätigt, die der Gesprächskreis "Juden und Christen" für den echten Dialog als unverzichtbar erachtet.

Wenn ich überhaupt eine These der deutschen Texte kritisch werten müsste, dann wäre es die beharrliche Forderung, dass auch die Juden sich in gewisser Weise als theologisch mit Christen verbunden begreifen. Wenngleich viele katholische Texte, vor allem die Aussagen Papst Johannes Pauls II., in theologischer Weise die Sicht des Christentums darlegen, zögere ich doch, dasselbe als Vorbedingung für den Dialog auf jüdischer Seite zu fordern. Es gibt eine so lange Tradition christlicher Theologie, die den Bund Gottes mit seinem auserwählten Volk als überholt und beendet dargestellt hat, dass man den Juden heute eine angemessene Zeit des Nachdenkens einräumen muss, ob sie das Christentum in irgendeiner Weise in ihr eigenes Selbstverständnis einbauen können, ohne ihre Authentizität zu verlieren. Ich hoffe sehr, dass Juden sich allmählich dieser Ansicht nähern können. Ich habe schon in mehreren Veröffentlichungen ausgeführt, dass es für Christen zunehmend schwieriger werden wird, an ihrer Verbundenheit mit dem Judentum nach Art des Zweiten Vatikanischen Konzils und des gegenwärtigen Papstes festzuhalten, wenn nicht auch die Juden allmählich anfangen, diesen Zusammenhang von ihrer Seite ebenfalls anzuerkennen. Trotzdem würde ich das nicht in derselben Weise zur Vorbedingung für einen echten Dialog zwischen Juden und Christen machen, wie es der deutsche Gesprächskreis getan hat. Wenn man so sehr auf dem Vorrang der Theologie innerhalb des Dialogs besteht, dann könnte es das Gewicht von Gesprächen mit nichttheologischem Inhalt mindern. Vor allem die Schoa, ferner zeitgenössische Erscheinungsformen des Antisemitismus sowie historische Fragestellungen und sozial-karitative Themen bleiben weiterhin wichtig für den Dialog. Da könnte die Verpflichtung zur theologischen Argumentation als unverzichtbares Barometer für die Glaubwürdigkeit des katholisch-jüdischen Dialogs ein zu schmaler Steg sein und Persönlichkeiten, die wichtige nichttheologische Einsichten zur Versöhnung unserer beiden Gemeinschaften beitragen können, vom Dialog ausschließen.

*

Die deutschen jüdisch-katholischen Texte legen größten Wert auf eine *kritische Neubesinnung der Geschichte.* Sie erteilen damit allen Versuchen, ein rosiges Bild des jüdisch-christlichen Verhältnisses im Laufe der Geschichte zu zeichnen, eine Absage. Der verstorbene amerikanische Pionier im katholisch-jüdischen Gespräch, Fr. Edward Flannery - sein Buch *The Anguish of the Jews* [Die Seelenqual der Juden] ist nach wie vor die klassische Studie über die Geschichte christlich-jüdischen Verhältnisses - hat einmal gesagt, dass sich die Juden vornehmlich an jene Seiten der Geschichte erinnern, die die Christen aus ihren Büchern herausgerissen haben. Es gibt keinen Zweifel, dass es einen tief verwurzelten Antisemitismus in politischen und theologischen Aussagen der Christen gab. Gleiches gilt für die darstellende Kunst, etwa im Blick auf die bekannten Figuren der Ecclesia und Synagoga am Straßburger Münster. Bedauerlicherweise haben wir erst kürzlich an dem vatikanischen Dokument von 1998 über die Schoa *We remember* [Wir erinnern uns] feststellen müssen, dass das Studium der Geschichte nicht konsequent und nicht mit unvoreingenommener Aufrichtigkeit betrieben wird. Dort wurde der Eindruck vermittelt, es hätten jene Christen, die die Juden verfolgt haben, aus einer Überzeugung gehandelt, die wenig mit der offiziellen katholischen Predigt und Lehre zu tun gehabt habe. Dem muss entgegengehalten werden, dass die Katholiken in ihrer Mehrheit das negative Bild des Judentums am Portal des Straßburger Münsters - fälschlicherweise - als authentische katholische Lehre erachtet haben.

Eine kritische Neubewertung der Geschichte ist unerlässlich im Hinblick auf die Erfahrungen der Kirche während der Zeit der Schoa. Es kann einerseits keinem Zweifel unterliegen, dass der Nationalsozialismus weit über den typischen christlichen Antijudaismus hinausgeht und in ideologischer Hinsicht sehr viel mehr von biologischen Hypothesen als von der religiös motivierten Judenfeindschaft her beeinflusst ist. Meiner Meinung nach gibt es aber auch keinen Zweifel daran, dass der typisch christliche Antijudaismus die Einwilligung und Beteiligung vieler Christen bei der Durchführung des nationalsozialistischen Rassenprogramms wesentlich gefördert hat. Gerade für deutsche Katholiken ist das Phänomen Auschwitz natürlich eine besondere Herausforderung; für alle Christen aber sind die zugrunde liegenden theologischen und ethischen Implikationen eine Herausforderung, über die sie sich Rechenschaft geben müssen. Ich für meinen Teil bin dankbar, dass die deutschen Texte in dieser Hinsicht so direkt und prinzipiell zu einer Stellungnahme herausfordern.

*

Lassen Sie mich meine Überlegungen mit zwei weiteren Beobachtungen abschließen. Die erste handelt über die Konversion von Juden zum Christentum. Juden haben bis heute immer wieder diese Frage an uns gerichtet, zumal manche evangelikale Protestanten in aller Öffentlichkeit die *Judenmission* gefordert haben. Katholiken waren diesbezüglich alles in allem zurückhaltender, z.B. in den jüngeren Dokumenten zur Mission. Da ist von einer Judenmission überhaupt nicht die Rede; sie ist weder rundheraus verworfen noch in irgendeiner Weise unterstützt. Das Schweigen zu diesem Thema hat bis jetzt recht gut funktioniert, obwohl es eine Reihe grundsätzlicher theologischer Fragen zur Universalität der Erlösung durch Jesus Christus aufwirft.

Allerdings bin ich nicht sicher, ob das Schweigen zu diesem Thema noch sehr viel länger andauern wird. Ich habe das bei einer Tagung an der Universität Cambridge im Februar 2001 vorgetragen. In mancher Hinsicht ist dieses Schweigen ein Hinweis auf den tiefen Einschnitt, der in der katholischen Theologie stattgefunden hat. Kürzlich hat Kardinal Walter Kasper, der Präsident der Päpstlichen Kommission für religiöse Beziehungen zu den Juden, festgestellt, dass die Tora für die Erlösung der Juden ausreicht. Wenig später hat die Päpstliche Bibelkommission in einem Dokument über die Hebräische Bibel und das Neue Testament bestätigt, dass die jüdische messianische Hoffnung nicht vergebens besteht. Das gibt mir einige Hoffnung, dass in naher Zukunft die Judenmission offener und direkter auch in Nordamerika und international diskutiert wird, als es in den vergangenen Jahren der Fall gewesen ist. Deswegen beglückwünsche ich die deutschen Kollegen und Kolleginnen, dass sie in ihrem Dokument diese Fragen so deutlich angesprochen haben.

Schließlich und nicht zuletzt beglückwünsche ich die deutschen Kollegen, dass sie in ihren Dokumenten die Unterscheidung zwischen heidnischer und christlicher Judenfeindschaft betont haben. Denn dieses Thema verdient deutliche Differenzierungen. Es gibt ohne Zweifel die sogenannte heidnische Judenfeindschaft, die ihr hässliches Gesicht unter dem Naziregime erneut gezeigt hat. Es wäre aber falsch, wenn Katholiken diese heidnische Judenfeindschaft als Feigenblatt benutzten, um die christliche Judenfeindschaft zu verdecken, wie das häufig geschehen ist. Darum ist es gut, dass die Diskussionen in Deutschland an dieser wichtigen Unterscheidung festhalten.

Alles in allem: Ich fand die Beschäftigung mit den deutschen Dokumenten hilfreich und stimulierend für meine eigenen Überlegungen über zentrale Fragen im derzeitigen jüdisch-katholischen Dialog. Sie beweisen eine tiefe religiöse Überzeugung auf beiden Seiten und in gleicher Weise ein starkes Engagement, auch die schwierigsten Fragen in der Absicht anzugehen, den jahrhundertealten Antijuadismus und die theologische Judenfeindschaft in den Kirchen zu überwinden.

Übersetzung: Herbert Immenkötter, Augsburg

Michael A. Signer

Dialog aus der Asche. Jüdisch-christliches Gespräch in Deutschland

"Wo die Wunde war, muss auch die Heilung beginnen." Dieses Sprichwort der Rabbinen trifft auf die Dokumente des Gesprächskreises "Juden und Christen" beim Zentralkomitee der deutschen Katholiken insgesamt zu. Der Großteil der englischsprachigen Welt kennt das moderne deutsche Judentum aus Zeitungen und Zeitschriften, die penibel recherchierte Artikel über antisemitische Vorkommnisse wie Friedhofsschändungen oder Anschläge auf Synagogen veröffentlichen. Dazu kommen zahlreiche Erhebungen über die Zu- oder Abnahme von antisemitischen Einstellungen. Bei bestimmten Gelegenheiten schlagen die Wellen öffentlicher Erregung hoch, z.B. wenn Amerikaner von einer Rede im Bundestag hören, in der das Gedächtnis der deutschen Juden verunglimpft wird, oder vom Streit über einen Roman, der vom Tode eines jüdischen Literaturkritikers handelt.[1]

Seit fast zwei Jahrzehnten habe ich die Gelegenheit, eine andere Seite des Post-Schoa-Deutschlands persönlich kennen zu lernen, nämlich die Beschäftigung von Lutheranern und Katholiken mit dem Judentum und ihre Bemühungen, sich mit dem Abgrund auseinander zu setzen, den ihre Eltern und Großeltern aufgerissen haben. Diese Arbeit möchte ich "Dialog aus der Asche" nennen. Seit 1985 komme ich jeden Sommer als Dozent zu einem einwöchigen Seminar über Judentum zum Institut "Kirche und Judentum", das von der Lutherischen Landeskirche Berlin-Brandenburg finanziert und von Peter von der Osten-Sacken, Inhaber des Lehrstuhls für Neues Testament an der Humboldt-Universität in Berlin, organisiert wird. Fast 200 Studierende, Protestanten und Katholiken, nehmen an diesen Seminaren teil. Darüber hinaus veranstaltet die Evangelische Kirche in Deutschland (EKD) Treffen und Akademien über ein neues christliches Verhältnis zum Judentum. Die Leuenberger Gemeinschaft hat jüngst eine umfassende Sammlung über Kirche und

---

[1] Vgl. Martin Walser, Tod eines Kritikers, Frankfurt a. M. 2002

Israel veröffentlicht, die viele Jahre theologischer Arbeit dokumentiert.[2] Mitte der 80er Jahre wurde ich auf diese Aktivitäten in der EKD durch meinen Lehrer Jakob J. Petuchowski aufmerksam gemacht, der mich anlässlich des "Sol und Arlene Bronstein-Kolloquiums" am Hebrew Union College in Cincinnati/Ohio mit einer Gruppe katholischer Theologen bekannt machte, darunter Hans Hermann Henrix und Clemens Thoma.[3] Beide berichteten von ihren Erfahrungen im deutschen Gesprächskreis "Juden und Christen". Während des zweiten Bronstein-Kolloquiums 1989 in Augsburg durfte ich weitere Mitglieder des Gesprächskreises kennen lernen.[4] Im Verlauf der Konferenz traf ich auf Hanspeter Heinz, den Vorsitzenden dieser einzigartigen katholisch-jüdischen Gruppe. Er erzählte mir von der Absicht des Kreises, den Austausch zwischen Juden und Christen im Post-Schoa-Deutschland voran zu bringen.

*

Die Texte in diesem Buch dokumentieren eindrucksvoll den Versuch, ein Gespür für die Entwicklungen der katholischen Theologie nach dem Zweiten Vatikanum zu entwickeln und hierfür geeignete jüdische Partner zu finden. Die jüdische Kultur, die im ersten Drittel des 20. Jahrhunderts eine kulturelle Blüte hervorgebracht hatte (Martin Buber, Franz Rosenzweig, Rabbiner Leo Baeck), ist im Dritten Reich unwiederbringlich zerstört worden. Die verbliebenen Juden im

---

[2] *Leuenberger Texte/Leuenberg Documents 6: Kirche und Israel. Ein Beitrag der reformatorischen Kirchen Europas zum Verhältnis von Christen und Juden*, Frankfurt a. M. 2001. Vgl. ferner Evangelische Kirche in Deutschland (EKD): *Christen und Juden III: Schritte der Erneuerung im Verhältnis zum Judentum*, Gütersloh 2000. Gemessen an der geringen Zahl derer, die letztlich die christlich-jüdischen Beziehungen gestalten, gibt es eine umfangreiche Dokumentation von Stellungnahmen: Rolf Rendtorff, Hans Hermann Henrix (Hg.), Die Kirchen und das Judentum. Dokumente von 1945-1985, Paderborn, Gütersloh, 3. Aufl. 2001; Hans Hermann Henrix, Wolfgang Kraus (Hg.), Die Kirchen und das Judentum. Dokumente von 1986-2000, Paderborn, Gütersloh 2001.

[3] Die Beiträge sind veröffentlicht in: Jakob J. Petuchowski, *Defining a Discipline. The Aims and Objectives of Judaeo-Christian Studies*, Hebrew Union College – Jewish Institute of Religion: 1984.

[4] Vgl. David Ellenson u.a., Versöhnung in der jüdischen und christlichen Liturgie, hrsg. v. Hanspeter Heinz u.a. (Quaestiones Disputatae 124), Freiburg i. Br. 1990.

Nachkriegs-Deutschland waren in der Mehrzahl Flüchtlinge aus Konzentrationslagern, die sich eher für die Emigration bereit hielten, als dauerhaft in Deutschland wohnen zu wollen. In diesen Jahren lebten und wirkten die deutschen Juden meist in Amerika und England; die Wiederaufnahme eines religiösen Gesprächs in Deutschland benötigte noch Zeit. Es waren Leute wie Ernst Ludwig Ehrlich in der Schweiz sowie Rabbiner Natan Peter Levinson und Edna Brocke in Deutschland, welche die ersten mutigen Schritte unternahmen. Ihr Engagement war getragen von der großen Hoffnung, dass neue Wege zwischen Juden und katholischer Kirche möglich wären, aber auch von dem tiefen Zweifel, ob Vertrauen wieder wachsen könnte. Parallel zu den jüdisch-christlichen Dialogen in Amerika war ihr erstes Vorhaben, den katholischen Partnern den Zusammenhang von modernem Antisemitismus und christlichen Verwerfungslehren verständlich zu machen.

Der Ansatz des Gesprächskreises ruht auf zwei Fundamenten: theologische Reflexion und Erfahrung. Im Geiste des Zweiten Vatikanums, das eine wache Aufmerksamkeit für die "Zeichen der Zeit" einfordert, wagte sich diese Gruppe auf einen Weg, der die gegenseitige Korrektur von Erfahrung und Reflexion erlaubte, anstatt dogmatische und spekulative Einsichten als Kontrollinstanz über die Erfahrung zu setzen. Jede Leserin und jeder Leser dieser Texte kann sich von dieser Balance zwischen Begriff und Anschauung überzeugen, die kreative Einsichten ermöglichte.

Das Arbeitspapier *Theologische Schwerpunkte des jüdisch-christlichen Gesprächs* von 1979 demonstriert eindrucksvoll diese Balance. Juden und Christen nehmen eine Beziehung in der gemeinsamen Hoffnung auf, zur Durchsetzung von Gottes Herrschaft beizutragen. Diese Beziehung leitet sich von der Schriftoffenbarung her, wonach der Gott Israels in der menschlichen Geschichte gehandelt hat. Sein Handeln wird durch die menschliche Verpflichtung unterstützt, für die Gestaltung der Welt zu arbeiten, was Juden *tiqqun 'olam* (Wiederherstellung und Vervollkommnung der Welt) nennen. Gott nimmt sowohl Juden als auch Christen in Pflicht, sein Handeln in der Geschichte zu erforschen und deshalb Verantwortung in der Welt zu übernehmen. Das verpflichtet beide, mit ihrem je eigenen Offenbarungsverständnis in den Dialog einzutreten.

Dieses Dokument unterstreicht die Wichtigkeit gegenseitigen Verstehens. Es betont, dass das jüdische Volk als Zeuge für die Hebräische Bibel kein historisches Relikt ist, und es wirft die Frage auf: Wie können Christen die Juden in der Zeit nach Tod und Auferstehung Jesu verstehen? Wie können sie ihre Verpflichtung erkennen, in Gespräch und Partnerschaft mit dem Judentum als einer kontinuierlichen, lebendigen Tradition zu bleiben? Auf der anderen Seite werden Juden nur dann die tiefe Sehnsucht der Christen nach einer Zivilisation der Liebe (Augustinus) verstehen, wenn sie selbst die religiöse Dimension ihres Selbstverständnisses wahrnehmen. Es versteht sich von selbst, dass ein solcher Dialog gegenseitige Achtung, gehörig Geduld und auch die Offenheit verlangt, einander peinliche Fragen zu stellen. Die Erklärung *Theologische Schwerpunkte des jüdisch-christlichen Gesprächs* legte den Grund für eine dauerhaftes Gespräch, einen gesunden Dialog, der den Rahmen für solche Fragen bot.

*

Seit ihrem Bestehen war der Gruppe klar, dass das Fehlen einer lebendigen jüdischen Gemeinde in Deutschland sie außerhalb ihres Landes führen würde, um zu entdecken, wie andere jüdische Gemeinden leben. Die erste Reise ging 1975 nach Israel, dem jüngsten Zentrum jüdischen Lebens. Es folgten Studienreisen nach New York (1986), Ungarn (1991), Polen (1993) und Paris (1999). Als einzige Reisereflexion wurde in diesen Band die Handreichung *Reise ins Heilige Land* aufgenommen, die in 3. Auflage 1998 veröffentlicht wurde. Der Text beeindruckt durch die Qualität der Beobachtungen und durch die Ernsthaftigkeit beim Versuch, das Ringen von Juden, Christen und Muslime zu verstehen, eine Koexistenz in einem Land aufzubauen, das von jeder der Religionen als heilig angesehen wird. Man kann diesen Text als eine Meditation für deutsche Katholiken lesen, die sich über eine Reise in den Staat Israel informieren. Der Leser wird sowohl auf die enthusiastischen Erwartungen einer Pilgerreise als auch auf die nüchterne Lebenswirklichkeit im Land selbst vorbereitet. Jede Religionsgemeinschaft wird einfühlsam vorgestellt.

Auf bemerkenswerte Weise wird die jüdische Hochschätzung des Landes Israel und die Kontinuität jüdischer Besiedelung herausgestellt. Die

Beschreibungen der Schoa und die Vielfalt jüdischen Lebens in Israel sind für jeden Israel-Reisenden nützlich. Bei der Schilderung christlicher Gemeinden in Israel kommt das Dialogische des Bandes zum Tragen: Christen werden dort "auch Zeugnisse ihrer eigenen Glaubensgeschichte (finden), die nicht mehr die des Judentums ist". Sie werden davor gewarnt, das Heilige Land dürfe kein Museum sein. "Der Besuch darf dort nicht nostalgisch nur die Vergangenheit im Blick haben. Gerade auch die Gegenwart des Heiligen Landes ist mit all ihrer Vielfalt, ihrem Reichtum und ihrer Problematik wahrzunehmen." Die Auseinandersetzung mit den "Problemen" geschieht vorbildlich, weil der Gesprächskreis nicht in simple Lösungen oder selbstgerechte Verurteilungen des israelischen Machtgebrauchs verfällt. Die Autoren bedienen auch nicht Allgemeinplätze wie das christliche Vorurteil, dass Juden nur aus politischen Erwägungen mit Christen sprechen. Die gemeinsame Reise nach Israel und in andere Länder ermöglichte dem Gesprächskreis, ein hohes Niveau authentischer Kenntnisse des Anderen zu erlangen. Man kann nur ahnen, wie viele Stunden die Juden und Christen dieser Gruppe diskutiert haben, um zu so exakten und nüchternen Einschätzungen über das Verhältnis von jüdischer Religion und der sog. politischen Dimension des jüdischen Volkes zu kommen: "Die Geschichte des jüdischen Volkes im 19. und 20. Jahrhundert zeigt auf exemplarische Weise, wie die Glaubensüberlieferung von selbst und in bestimmten geschichtlichen Situationen notwendig dazu drängt, auch in politischer Gestalt geschichtsmächtig zu werden. Christliche Gäste des Landes mögen sich zu den konkreten Verhältnissen in Israel mehr zustimmend oder mehr kritisch verhalten; ihnen bezeugt die bloße Existenz des Staates Israel das Gewicht einer Aufgabe, die auch ihnen gestellt ist: ein Glaube, der sich fähig erwiesen hat, auch ohne staatlich-politischen Schutz und unter den Bedingungen einer Minderheitenexistenz fortzubestehen, kann und muss immer neu mit staatlich-politischem Handeln verbunden werden." Dieser Satz samt den abschließenden Ausführungen dieser Broschüre kann auch englischsprachigen Teilnehmern am jüdisch-christlichen Dialog reiches Material zur Reflexion bieten.

*

Das Dokument *Nach 50 Jahren – wie reden von Schuld, Leid und Versöhnung?* aus dem Jahre 1988 zeigt eine weitere Facette dieser außergewöhnlichen Aufrichtigkeit. Sowohl die Stoßrichtung als auch der Entstehungsprozess des Textes offenbaren die Spannungen, die zwischen Juden und Christen auch heute noch bestehen, wenn es um das neuralgische Thema "Schoa" geht. Das öffentliche Gedenken an den Schrecken der Reichspogromnacht am 9. November 1938 bedeutet Jahr für Jahr eine Irritation in Deutschland. Während jede nachfolgende Generation sich mit den entsetzlichen Ereignissen der Nazi-Vergangenheit auseinander zu setzen hatte, wuchs das Verlangen, einen Schlussstrich unter diese Vergangenheit zu ziehen und in die Zukunft zu schreiten. Aber die Vorstellung einer *extinctio memoriae* (Auslöschen der Erinnerung) ist für Juden und Christen inakzeptabel. Meine christlichen Studenten an der Notre Dame Universität stellen in den Seminaren gespannt immer dieselben Fragen: Wie war es getauften Christen möglich, solche Grausamkeiten an Juden zu begehen? Wie konnten Menschen in der Nachfolge Jesu an Gewaltakten teilnehmen, die letztendlich zur Auslöschung des jüdischen Volkes führen sollten? Eine tiefsitzende Angst beschleicht die Studenten bei der Frage, die sich alle stellen: Was hätte ich getan, wenn ich zu dieser Zeit gelebt hätte? Der Text des Gesprächskreises gibt ihnen sowohl eine Antwort als auch eine Methode an die Hand. Die Grundaussage lautet, dass Schuld durch *Teshuvah* (Reue, Umkehr) gesühnt werden kann und dass letztendlich Vergebung weit weniger wichtig ist als der Prozess einer kritischen Gewissenserforschung bis hin zu der persönlichen Selbstverpflichtung, alle Handlungen zu unterlassen, die zur Sünde führen. Darüber hinaus demonstriert das Dokument, dass das Studium der eigenen Texttradition eine äußerst wirksame Methode ist. Die denkerische Auseinandersetzung über das Wesen von Schuld und Sühne begann, als die jüdischen Gesprächsteilnehmer die Lektüre von Maimonides Traktat *Hilkhot Teshuvah* (Gesetze der Umkehr) empfahlen. Während Juden und Christen gemeinsam den jüdischen Philosophen und Rechtsgelehrten aus dem 12. Jahrhundert studierten, entdeckten die Christen die grundlegende Ähnlichkeit mit ihrem katholischen Bußritus. Obwohl beide Bußordnungen nicht identisch sind, enthalten sie doch genügend Berührungspunkte, die eine Übereinstimmung in grundlegenden Einsichten ermöglichten. Hieraus entstand ein gemeinsamer Sprachgebrauch, der die spezifischen Anforderungen der jeweils anderen Tradition berücksichtigte. Keine Seite verlangte von der anderen, die eigene Position zu übernehmen, und doch erlaubte es das gemeinsame Studium, eine Erklärung zu formulieren, die authentisch und nicht apologetisch ist. Aus dieser Bereitschaft erwächst das Fundament für gegenseitiges Vertrauen, die *conditio sine qua non* für den Dialog zwischen unseren religiösen Traditionen, die sich zwei Jahrtausende voneinander entfremdet haben.

*

Die anderen Dokumente dieses Bandes stammen aus der Beratungstätigkeit des Gesprächskreises für das Zentralkomitee der deutschen Katholiken und für die Deutsche Bischofskonferenz. Positionspapiere zum Weltkatechismus, zum Kloster in Auschwitz, zur Seligsprechung Edith Steins und Pius' IX. und zu *We remember*, dem Dokument der *Vatikanischen Kommission für die religiöse Beziehungen mit den Juden*. Sie weisen allesamt Parallelen zu Texten auf, die in den USA von Dialoggruppen von Priestern und Rabbinern in Los Angeles in den 1980er und 1990er Jahren und jüngst auf nationaler Ebene vom *National Council of Synagogues* und der *Episcopal Moderator's Commission on Religious Relations with the Jewish People* verfasst worden waren. In jeder Stellungnahme zeigt der Gesprächskreis dieselbe intellektuelle Dichte und theologische Schärfe. Er dokumentiert, dass der Austausch zwischen Christen und Juden eine ganz andere Sicht der Dinge hervorbringt, als wenn Christen unter sich über Juden und Judentum schreiben. Sobald man im Angesicht der anderen religiösen Gemeinschaft spricht und schreibt, ergeben sich andere, manchmal kühne Formulierungen. Der Versuch, gemeinsam zu sprechen und zu schreiben, liegt auf der Linie dessen, was Papst Johannes Paul II. während seiner ganzen Amtszeit verfolgt hat: dass die beiden religiösen Gemeinschaften "füreinander und für die Welt zum Segen werden".

Ich hoffe, dass das englischsprachige Publikum zu schätzen weiß, welche Schwierigkeiten vom Gesprächskreis "Juden und Christen" bei der Verfassung dieser Texte überwunden wurden. Die katholischen Diskussionspartner haben Mitglieder jüdischer Gemeinden in Deutschland hinzugezogen, die immer noch auf der Suche nach ihrer Identität sind.

Der Dialog in Deutschland, der in dieser Dokumentation zu Wort kommt, verdankt sich den Gesprächen zwischen Juden und Katholiken in deutscher Sprache. Hier kann man die Gefährdungen und die Chancen bei der Suche nach einer gemeinsamen Sprache erkennen, die die Vergangenheit respektiert, aber auch Mut beweist, in eine ungewisse, aber hoffnungsvolle Zukunft zu schreiten.

Übersetzung: Johann Ev. Hafner, Augsburg

Martin Stöhr

Von der Verachtung zur Achtung der Juden

I.

Wer mitarbeitet, die Beziehungen zwischen Juden und Christen zu erneuern, weiß, wie sehr diese Bemühungen noch am Anfang stehen. Zu tief sitzt die Vergiftung mit antijüdischen Denkmustern in Lehre, Katechese und Predigt aller Kirchen – so verschieden auch Lehrtraditionen und Frömmigkeitsstile sind. Eine Gleichgültigkeit in diesen Fragen verlängert das Leben von antijüdischen Vorurteilen. Was fast zweitausend Jahre gegen das jüdische Volk oder an ihm vorbei gedacht und publiziert wurde, lässt sich nicht in zwei Generationen kritisch prüfen und neu formulieren. Es ist eine Minderheit nur, die an diesen Problemen kreativ arbeitet.

Seit ich viele Mitglieder des Gesprächskreises "Juden und Christen" beim Zentralkomitee der deutschen Katholiken aus erfreulichen Kooperationen kenne und ihre Stellungnahmen studiere, freue ich mich als protestantischer Theologe, der sich der selben Aufgabe verpflichtet weiß, über so viel Übereinstimmung. Erschrocken bin ich mit vielen, dass es die Schoa und nicht die christliche Botschaft ist, die den ersten, entscheidenden Anstoß zur Neuorientierung gab. Kain versucht einen Dialog nach Abels Ermordung.

II.

Immer noch ist das Missverständnis weit verbreitet, als handele es sich bei der Erneuerung der christlich-jüdischen Beziehungen um eine Spezialfrage der Theologie, interessant nur für einige unentbehrliche Spezialisten. Es geht aber um nicht mehr und nicht weniger als um das Grundverständnis von Kirche und Theologie. Verstehen beide ihr Verhältnis zum jüdischen Volk nur als eine historische Beziehung, die zum besseren Verständnis der *christlichen Vorgeschichte* zu studieren ist? Oder wird Ernst mit der Erkenntnis gemacht, dass Jesus Jude ist und dass er seine jüdische Gemeinde nicht verließ? Die übliche These, dass "Originalton" Jesu die Worte seien, mit denen er kritisch in der Diskussion mit Pharisäern und Schriftgelehrten Position bezieht und angeblich *"die Grenzen der Tora und des Partikularismus sprengt"*, zeugt von Unkenntnis der jüdischen Diskussionskultur. Gerade kritische und "riskante" Auslegungen nehmen die Tradition ernst, indem sie diese in die Gegenwart hineinziehen. Das geschieht nie unumstritten.

Juden und Christen beten denselben Gott an, jenen Gott, der die Welt schuf, sie in seiner Offenbarung mit sich, seinem Handeln und seinem Wort bekannt macht, sie gnädig und kritisch begleitet, sie erneuert und erlöst. Dieser Gott hat Israel zu seinem Zeugen berufen, gerade unter den Völkern. Wissen die Christen, dass sie dieses Wissen nur durch Israel, wo *Gott zur Welt kam*, erhielten und dass sie es nur sachgemäß erhalten, wenn sie in Israel nicht nur die lebendige Mutter, sondern auch die Schwester sehen? In Israel leben Mutter und Schwester gegenwärtig mit der Kirche, bis Gott alles in allem (1 Kor 15,28) und Israel gerettet ist.

Kirche und Israel lesen dieselbe Heilige Schrift. Sie ist für Israel die Bibel, für die Kirchen der größte und gleichberechtigte Teil ihrer Bibel. Beide lesen sie in einigen Teilen unterschiedlich, wie ihre unterschiedlichen Traditionen zeigen – hier die mündliche Offenbarung in Talmud und Midrasch, dort die Jesusoffenbarung im Neuen Testament und die folgenden Überlieferungen der Kirchenväter, Konzilien, Synoden und Bekenntnisschriften.

Dass das überhaupt nicht veraltete Alte Testament, die Hebräische Bibel, der TaNaK, das Erste Testament von Juden und Christen verschieden gelesen wird, ist kein Grund zur Trennung. Das geschieht innerhalb der jüdischen wie innerhalb der christlichen Bibelinterpretation auch. Wohl aber ist mit diesem Tatbestand der entscheidende Grund zu einer vertieften Kommunikation und Solidarität gegeben. Um Gottes und der Menschen willen darf keine Stimme überhört werden, die sich um das Verständnis des Wortes Gottes für die Menschen und Situationen von heute bemüht. Wer aus der gleichen Quelle trinkt, kommuniziert an der Quelle und über die Quelle, spricht darüber, wie dieser lebendige Strom nicht nur auf die eigenen Mühlen geleitet werden kann, sondern wie das lebendige Wasser von Gottes Recht und Gerechtigkeit, von seiner Wahrheit und Liebe, von seinem Frieden und Geist den Menschen zugute kommt, für die der Ewige es bestimmt hat.

Gemeinsamkeiten und Unterschiede, Identität und Offenheit durchzuhalten ist nicht einfach. Das zeigt schon Paulus in seinem Brief nach Rom, vor allem in den Kapiteln 9 – 11. Zerreißfeste menschliche Urteile für die Ewigkeit gibt es da nicht. Paulus plagt sich voller Hoffnung mit der Aufgabe, einer offensichtlich schon heidenchristlich dominierten Gemeinde in Rom deutlich zu machen, dass Israel nicht verworfen ist, sondern Gottes erwählter Sohn bleibt. Gleichzeitig überwindet er seine ältere Aussage (1 Thess 2,13-16), die die vorchristliche Judenverachtung mit dem spezifisch christlichen Argument des "Gottesmordes" verknüpft. Diese Stelle wird antijüdisch in der Geschichte wirksam wie Joh 8,44 und nicht Joh 4,22: *Das Heil kommt von den Juden.* Jahrhundertelang wehrt sich die Kirche, für Israel eine positive Rollenzuschreibung, wie sie neutestamentlich ist, zu akzeptieren. Es ist heute ein ökumenischer Konsens, stärker die Gemeinsamkeiten in beiden Fortsetzungsgeschichten der Hebräischen Bibel zu betonen, ohne die Unterschiede zu verharmlosen. .

Christliche Überlegenheitsgefühle sind angesichts des die Welt (mit Israel!) umfassenden Rettungswillens des Einen und Ewigen pagane Arroganz. Allzu oft glaubten Christen, über Juden Urteile wie im Jüngsten Gericht aussprechen zu können. Allzu oft wirkte sich ein solches Denken und eine solche Praxis negativ, ja tödlich für die Juden aus. Die Christenheit sollte froh sein, dass Gottes Wahrheit *auf zweier Zeugen Mund (Dtn 19,15, Mt 18,16; 2 Kor 13,1; 1 Tim 5,19)* beruht. Unter den Völkern lobt die Kirche den Gott Israels, nicht irgendeinen Gott. Und loben heißt leben, was Christinnen und Christen glauben. Dieser Grund und dieses Ziel bestimmen den Weg der Kirchen: *Freut euch, ihr Heiden, ihr Gojim, mit seinem Volk (Dtn 32,43 und Röm 15,9).* Dieser Weg der Gemeinsamkeit ist eingeschlagen worden, aber keineswegs von allen. Keineswegs ist er zu Ende gegangen. Keineswegs ist er in Lehrbücher, Schulbücher, Predigten und Seelsorge schon genügend umgesetzt.

III.

Auch im Alltag leben religiös geprägte Vorurteile über das jüdische Volk weiter. Was christlich einmal gegen die Juden gesagt und gedacht wurde, wirkt auch säkular weiter. Da gibt es bis in die Medien und Politik hinein die Rede vom "alttestamentarischen Rachegott", von "pharisäischer Heuchelei", von "jüdischer Geldgier" und "Neigung zum Verrat", die an "Judas", als dem "jüdischen Prototypen", illustriert werden etc. Die Beziehungen zwischen Juden und Christen zu erneuern heißt, nicht nur in den eigenen, christlichen Reihen aufzuklären, sondern auch in einer säkular gewordenen, aber einst christlich geformten Gesellschaft wachsam zu sein. Theologie ist nie folgenlos – weder in ihren "falschen" noch in ihren "richtigen" Aussagen. Der "heidnische" Antisemitismus ist wie jeder religiöse Judenhass lebensgefährlich für die jüdische Minderheit. Beide Ausgaben der Judenverachtung gehören in den Verantwortungsbereich der Kirchen. Die Bibel auch mit den Augen Jesu und ihrer jüdischen Verfasser neu zu lesen und zu verstehen, das zeichnet die hier vorliegenden Dokumente aus.

Die Geschichte der Juden und Christen ist von einer tiefgreifenden Asymmetrie geprägt: Da gibt es auf der einen Seite die häufig über Macht (in vielen Formen) und Mehrheit verfügende Christenheit. Lange hat sie praktiziert, ihre eigene Position in einer Negation des Judentums zu entwerfen. Sie muss lernen, ohne Feindbild und dunkle Folie ihr Selbstverständnis zu gewinnen. Das schließt ein, die Selbstverständnisse eines vielgestaltigen Judentums zur Kenntnis und ernst zu nehmen. Der Gesprächskreis "Juden und Christen" spricht, wie ähnliche Kommissionen, mit den Juden und nicht über sie. Im Angesicht Israels zu lernen führt dazu, ein allzu selbstverständliches christliches Interpretationsmonopol über die biblische Botschaft aufzugeben. Sie ist reicher, als innerchristliche und innertheologische Diskurse vermuten.

Da gibt es auf der anderen Seite die Minderheit des jüdischen Volkes. Es ringt in der Diaspora und im Staat Israel um Gleichberechtigung und einen Platz in der Völkerwelt. Diese jüdische Minderheit erfährt in manchen Gesellschaften bis heute eine latente oder offene Diskriminierung. Antisemitismus ist keineswegs ausgestorben. Er ist ein Bodensatz in autoritären wie in demokratischen Gesellschaften. Er tritt in vielen

Camouflagen auf, auch als Antizionismus. Im Staat Israel ringt das jüdische Volk als Minderheit noch um sein Lebensrecht - und um ein gerechtes und friedliches Zusammenleben mit dem palästinensischen Volk.

Die Initiative US-amerikanischer Rabbiner und Professoren in *Dabru Emet – Redet Wahrheit* spricht davon, dass *in den vergangenen Jahren sich ein beispielloser Wandel in den christlich-jüdischen Beziehungen vollzogen hat*. Diese großartige Antwort auf den Beginn eines christlichen Erneuerungsprozesses ist eine Ermutigung, nicht nachzulassen, sondern weiter zu arbeiten. Altes und neues Denken lebt und wirkt in den christlichen Gemeinden sowie in den theologischen Fakultäten noch asynchron nebeneinander her.[1]

IV.

Die in dieser Publikation vorgelegten Texte eines erneuerten Denkens und Handelns kommen aus jenem Kreis des deutschen Katholizismus, der am konsequentesten den Lernprozess der Erneuerung vorangetrieben hat. Er geschah und geschieht in einem Land, in dem eine zwar rasch wachsende, aber noch immer kleine Zahl von Juden lebt. Die Kirchen haben der Frage standzuhalten, warum der "Dialog" zu spät, nach der Ermordung von sechs Millionen Juden in Europa, kommt. Für mich ist und bleibt es beschämend und zugleich ermutigend, die Antwort eines Rabbiners gehört zu haben, der nach 1945 wieder nach Deutschland zurückkehrte. Er begründete diese Möglichkeit, im Land der Mörder und Wegschauenden zu leben und mit Christen zusammen zu arbeiten, mit dem Satz: "Weil es hier einen Alfred Delp und einen Dietrich Bonhoeffer gab." Es gehört zu den tiefsten Eindrücken der am

---

[1] "Dabru Emet". Eine jüdische Stellungnahme zu Christen und Christentum vom 11. September 2000, in: Hans Hermann Henrix, Wolfgang Kraus (Hg.), Die Kirchen und das Judentum, Dokumente von 1986 - 2000, Paderborn, Gütersloh 2001, 974-976, hier 974. Vgl. eine von jüdischen, katholischen und protestantischen Autoren und Autorinnen geschriebene Antwort: Rainer Kampling, Michael Weinrich (Hg.), Dabru emet - redet Wahrheit. Eine jüdische Herausforderung zum Dialog mit den Christen, Gütersloh 2003.

Dialog Beteiligten, dass es jüdische Gesprächspartner gab und gibt, die bereit sind – trotz allem, was geschehen war –, den Kirchen und Christen zu einem Neuanfang zu helfen. Dieser Dialog ist kein Smalltalk. Im größten Teil der dabei geleisteten Arbeit geht es um eine kritische und selbstkritische Aufklärung über denkerische und praktische Irrwege in den Kirche. Nur so ist ein Weg in eine bessere Zukunft von Juden und Christen zu gewinnen.

V.

Ein Neuanfang ist ohne Einsehen und Bekenntnis der Schuld nicht möglich. Das ist gemeinsame Überzeugung aller christlichen Stellungnahmen ab 1945. Nach der Monströsität des Massenmordes ging und geht es darum, die Schuld zu erkennen, zu benennen und zu bekennen. Es muss klar analysiert und ausgesprochen werden, soweit die Schoa überhaupt zu erklären ist, was geschah, warum so viele Menschen aus allen sozialen Schichten Komplizen des Bösen wurden, warum ein Menschen rettender Widerstand so schwach war. Obwohl es in vielen Ländern und Kulturen Antisemitismus und religiösen Antijudaismus gab (und gibt), wurde nur in Deutschland aus dem Hass Massenmord. Welche spezifisch deutschen Bedingungen lassen sich dafür nennen? Alle gesellschaftlichen Institutionen hierzulande, also Justiz, Verwaltung, Eisenbahn, Medien, Schulen, Universitäten, Industrie, Armee, Kultur, ja auch die Kirchen, ließen die Menschen jüdischer Herkunft im Stich. Die wenigen tapferen Ausnahmen dürfen nicht vergessen werden. Aber alle Institutionen und Strukturen, die nach jüdischer wie christlicher Auffassung *für die Menschen da sind,* funktionierten (wissentlich oder opportunistisch) nicht für die *schwächsten und wehrlosesten Geschwister Jesu Christi,* sondern für die starke und bewaffnete Gewalt. So nur konnte eine beispiellose, industrielle Todesmaschinerie vorbereitet und in Gang gesetzt werden.

Solches genaue Erkennen, Benennen und Bekennen hat nicht nur vor Gott, sondern auch vor den Menschen in der Öffentlichkeit zu geschehen, vor allem vor den Opfern und den Überlebenden. Dabei geht es nicht darum, von den Opfern Vergebung zu erreichen. Wer könnte von und für die Toten sprechen? Dietrich Bonhoeffer hat in seiner Ethik, die er in der Illegalität schrieb und die er vor seinem Tod am Galgen nicht vollenden konnte, schon 1941 seiner Kirche (auch der kleinen Bekennenden Kirche) geschrieben: *Umkehr gibt es nur auf dem Weg der Erkenntnis der Schuld.*[2] Da Kirche sich als lebendiger *Leib Christi* versteht, hat sie das, was sie ist, nämlich Christus selber, verraten. Bonhoeffer macht die Schuld an allen Zehn Geboten des Dekalogs deutlich, um dann im Blick auf die Juden zu schreiben: *Die Kirche bekennt, die willkürliche Anwendung brutaler Gewalt, das leibliche und seelische Leiden unzähliger Unschuldiger, Unterdrückung, Hass, Mord gesehen zu haben, ohne ihre Stimme für sie zu erheben, ohne Wege gefunden zu haben, ihnen zu Hilfe zu eilen. Sie ist schuldig geworden am Leben der Schwächsten und Wehrlosesten Brüder Jesu Christi.*[3] An gleicher Stelle weist er – wohl singulär in der protestantischen Theologie seiner Zeit – darauf hin: *Jesus war Jude!* Sich von den Juden zu trennen, heißt sich von Christus zu trennen *Nur wer für die Juden schreit, darf gregorianisch singen*. Die Konsequenz seines Denkens führt ihn dann nicht nur zu einer Rettungsaktion für vierzehn Juden, sondern auch zu der Aussage: *Die abendländische Geschichte ist nach Gottes Willen mit dem Volk Israel unlöslich verbunden, nicht nur genetisch, sondern in echter unaufhörlicher Begegnung, Der Jude hält die Christusfrage offen.*[4]

VI.

Der im Aufbau befindliche Ökumenische Rat der Kirchen in Genf hat im Februar 1946 für die Christenheit *bußfertig das Versagen der Kirchen* bekannt und gleichzeitig sich gegen jede Form von Antisemitismus ausgesprochen sowie für *alle Bestrebungen, für die Überlebenden neue Heimstätten (homelands) zu finden*. Bei seiner offiziellen Gründung 1948 wird er die bleibende Erwählung Israel und das jüdische Erbe der Christenheit be-

---

[2] Dietrich Bonhoeffer, Ethik, (Hg von I. Tödt, H. E. Tödt, E. Feil und Clifford Green) DBW, Bd. 6, S. 125.
[3] A.a.O. S. 130.
[4] A.a.O. S. 95. Das Wort *Nur wer für die Juden schreit, darf gregorianisch singen* überliefert der Freund und Biograph Eberhard Bethge in seiner Biographie (Dietrich Bonhoeffer, Theologe, Christ, Zeitgenosse. München 1967. S. 685) aus der Zeit des illegalen Predigerseminars der Bekennenden Kirche.

tonen. Im Blick auf den von Anfang anerkannten Staat heißt es: *Die Kirchen haben die strenge Pflicht, für eine Ordnung in Palästina zu beten und zu arbeiten, die so gerecht ist, wie das inmitten unserer menschlichen Unordnung nur sein kann.*[5] Allerdings fügte man damals noch die Aufgabe der *Evangelisation*, auch gegenüber den Juden, hinzu. Die *Christusfrage, das heißt die Messiasfrage ist* in der Frage der Judenmission 1948 nicht *offengehalten*. Ein Superioritätsgefühl lebt noch kräftig. Die *Offenheit der Christusfrage* verlangt von den Kirchen nicht einen Verzicht oder eine Relativierung ihres Christusbekenntnisses. Sie haben nur ernst zu nehmen, was in ihren Glaubenslehren steht: Es ist Gott, der am letzten Ende über den Messiasglauben seiner *beiden* Kinder urteilt. Denn dass Israel wie die Kirche, besser: die Kirche wie Israel an das Kommen des messianischen Reiches glaubt und darum betet, ist biblischer Grundkonsens. Auch wenn die Zukunft des (Wieder-)Kommenden in den lebendigen Farben der Hoffnung variiert. Stellen wie Mt 7,21 und 25,31-46 stärken die Verbindlichkeit (certitudo) des christlichen Glaubens, nicht aber seine Sicherheit (securitas). Die Gewissheit des eigenen Glaubens ist kein Hindernis im Dialog, wohl aber jene Sicherheit, die den anderen zum Objekt macht. Eine solche Auffassung hat Konsequenzen:

Zum ersten Mal erklärte die Synode der Reformierten Kirche in den Niederlanden 1951 in ihrer Kirchenordnung, dass für die Beziehung Kirche – Israel wegen der gemeinsamen Bibel *das Gespräch*, für die Arbeit unter den Völkern die Mission bestimmend sei.[6] Die Rheinische Synode wird 1980 eine kirchenamtliche Ablehnung der Judenmission aussprechen.[7]

Der Zusammenhang von Schuldbekenntnis und Bekenntnis zur bleibenden Erwählung ist deutlich: Die zentrale Fehlentwicklung in der kirchlichen Lehre und Praxis war und ist die Überzeugung, die Kirche sei nach dem Erscheinen Jesu Christi und seiner Bestätigung durch Gott in der Auferweckung Jesu Christi sowie in der Gründung der Kirche an Pfingsten das *wahre Israel.* Das wirkliche Israel ist dann nur noch

---

[5] Beide Texte finden sich in R. Rendtorff/ H.H. Henrix (Hg), Die Kirchen und das Judentum. Dokumente von 1945-1985. Paderborn/München 1988. S. 324-329.
[6] A.a.O. S. 447.
[7] A.a.O. S. 593-596.

Vorläufer, beerbt und enterbt von der Kirche, aus dem Zeugendienst von Gott entlassen und verworfen.

Damit ist die entscheidende Frage formuliert: Wie versteht sich eine Kirche, die in den *Bund Gottes mit Israel hineingenommen ist, die Anteil an seinem Bund hat, die wie Israel unterwegs ist zu Gottes kommendem Reich* - wie die Formulierungen in den verschiedenen Beschlüssen lauten? Wie bekennt sie sich zu Jesus, dem Messias, ohne die biblisch begründete, jüdische Anfrage zu überhören, wo denn die Erlösung Israels und der Welt sichtbar und öffentlich sei? Ist nicht jede christliche Aussage, die Israel in eine defizitäre Position gegenüber der Christenheit abschiebt, unmöglich geworden? Bleiben nicht beide hinter dem zurück, wozu sie Gott berufen hat? Ist die Kirche nicht, wie es Maimonides formulierte, Vorbereitung des Messias, *praeparatio messianica* und nicht *perfectio messianica*, messianische Vollendung? Ist das nicht die große Aufgabe, die Kirche (und Islam!) haben, Gottes Namen und Wort bis zu den fernsten Inseln bekannt zu machen, was Maimonides anerkennend von beiden sagt? Gehört es nicht zur Praxis, zum Gebet und zur Lehre der Kirche, hoffend und aktiv unterwegs zu sein? Ist es nicht hilfreich, wie im Zeugenrecht der Bibel und bei der Aussendung der Jünger Jesu, zu zweit unterwegs zu sein? Die von mir bewusst aufgeworfenen Fragen der Ekklesiologie und Christologie zeigen, welche Aufgaben eine dialogbereite Kirche, die auf die Heilige Schrift wie auf Israel hört, noch vor sich hat.

VII.

Es wäre ein Missverständnis, den Erneuerungsprozess in den Beziehungen zwischen Juden und Christen nur als eine Aufgabe der Lehre, Katechese und Verkündigung zu verstehen. Er ist auch und zuerst eine Aufgabe einer erneuerten Praxis. In der Praxis verfehlte die Kirche die Solidarität mit Jüdinnen und Juden. Die Nachfolge Christi war gegenüber der Christologie zurückgeblieben. Lese ich die vorliegenden Dokumente und die aus anderen Kirchen, so wird in erfreulicher Weise deutlich, dass auch hier neue Wege eingeschlagen werden. Nachfolge Christi ist nicht die Anwendung einer christlichen Theorie für eine christliche Praxis. Das Tun des Willens Gottes ist für Israel erstaunlicherweise die erste Antwort auf die Offenbarung Gottes: *Alles, was der Herr geboten hat, wollen wir tun und darauf hören (Ex 24,7)*. Das ist im Neuen Testament nicht anders.

Vor diesem Hintergrund ist es konsequent, wenn in vielen Erklärungen von einer gemeinsamen Verantwortung gesprochen wird. Gott hat sein Volk wie seine Kirche zu aktiven Zeugen seiner Tora gemacht. Und diese Weisung zum Leben – mit dem Wort "Gesetz" viel zu eng wiedergegeben – besteht in dem, was Gott ist, was er tut und was er sagt. Er teilt mit seinen Geschöpfen seine Gerechtigkeit und seine Liebe, seine Wahrheit und seinen Frieden, seine Freiheit und sein Vertrauen. Was eine ehrliche Wissenschaft nicht kann, was eine praktische Politik nicht darf, nämlich festzulegen, was diese großen Worte als Werte im Alltag bedeuten, das haben die Religionen zu leisten. Sie tragen dafür die Verantwortung, dass Wissenschaft und Politik, Erziehung und Lebensbewältigung erfahren, was gerechtes und barmherziges Leben ist, wie Wahrheit und Frieden praktiziert werden, wie Befreiung (von Schuld, Elend oder Gewalt) und Vertrauen Wirklichkeit werden. Sie kommunizieren mit den Fragen des persönlichen Lebens und der Weltgesellschaft, deren Teil sie sind. Das menschliche Gelingen des menschlichen Lebens, Zusammenlebens und Überlebens steht auf Gottes Agenda. Und Gottes Agenda ist die Weisung für Israels und der Kirche Leben.

Mitglieder des Gesprächskreises "Juden und Christen" beim ZdK

Vorsitzender:
Prof. Dr. Hanspeter Heinz

Geschäftsführer:
Dr. Detlef Stäps, Rektor im Zentralkomitee der deutschen Katholiken

Daniel Alter
Rabbinatsassessor, Berlin

Prof. Dr. Reinhold Bohlen
Rektor der Theologischen Fakultät Trier, Professor für Biblische Einleitung

Dr. Henry G. Brandt
Landesrabbiner von Westfalen, Dortmund

Prof. Dr. Wilhelm Breuning
Professor em. für Dogmatik an der Universität Bonn

Dr. Edna Brocke
Leiterin der Gedenkstätte "Alte Synagoge" in Essen, Religionslehrerin der Jüdischen Gemeinde Krefeld

Prof. Dr. Christoph Dohmen
Professor für Altes Testament an der Universität Regensburg

Prof. Dr. Ernst Ludwig Ehrlich
Honorarprofessor für Neuere Jüdische Geschichte und Literatur an der Universität Bern, Europäischer Direktor von B'nai Brith

Prof. Dr. Hubert Frankemölle
Professor für Neues Testament an der Universität Paderborn

Dr. Wilfried Hagemann
Regens des Priesterseminars der Diözese Münster

Prof. Dr. Hanspeter Heinz
Professor für Pastoraltheologie an der Universität Augsburg

Dr. Hans Hermann Henrix
Leiter der Bischöflichen Akademie des Bistums Aachen

Mitglieder des Gesprächskreises "Juden und Christen" beim ZdK

Dr. Walter Homolka
Direktor des Abraham Geiger Kollegs an der Universität Potsdam, Hauptrabbiner der Liberalen Gemeinde Or Chadash in Wien

Prof. Dr. Herbert Immenkötter
Professor für Mittelalterliche und Neue Kirchengeschichte an der Universität Augsburg

Ruth Kahana-Geyer
Religionslehrerin der Jüdischen Gemeinde Bonn

Dr. Uri Kaufmann
Forscher und Referent im Bereich der mitteleuropäischen jüdischen Geschichte, Heidelberg

Prof. Dr. Klaus Kienzler
Professor für Fundamentaltheologie an der Universität Augsburg

Dr. Ansgar Koschel
Leiter der Bischöflichen Rhabanus-Maurus-Akademie des Bistums Limburg

Petra Kunik
Schriftstellerin, Frankfurt a.M.

Prof. Dr. Verena Lenzen
Professorin für Judaistik, Theologie und christlich-jüdischen Dialog, Direktorin des Instituts für jüdisch-christliche Forschung an der Universität Luzern

Dagmar Mensink
Referentin für Kirchen und Religionsgemeinschaften beim Parteivorstand der SPD

Ellen Presser
Biologin, Leiterin des Jugend- und Kulturzentrums der Israelitischen Kultusgemeinde München

Dr. Hermann Simon
Leiter des Centrum Judaicum in Berlin

Werner Trutwin
Direktor i. R. des Heinrich-Hertz-Gymnasiums in Bonn

Rita Waschbüsch
Ehem. Präsidentin des Zentralkomitees der deutschen Katholiken

Mitglieder des Gesprächskreises "Juden und Christen" beim ZdK

Prof. Dr. Josef Wohlmuth
Professor em. für Dogmatik an der Universität Bonn

Prof. Dr. Erich Zenger
Professor für Altes Testament an der Universität Münster

Veröffentlichungen des Gesprächskreises "Juden und Christen"

Erklärungen

- "Theologische Schwerpunkte des jüdisch-christlichen Gesprächs". Arbeitspapier vom 8. Mai 1979: Berichte und Dokumente (hrsg. v. Zentralkomitee der deutschen Katholiken, Bonn) Heft 39 (1979), 6-19; ebenfalls in: Rolf Rendtorff, Hans Hermann Henrix (Hg.), Die Kirchen und das Judentum. Dokumente von 1945 - 1985, Paderborn, Gütersloh, 3. Aufl. 2001, 252-262.

- "Merksätze und Leitlinien für eine Reise ins Heilige Land", hrsg. v. Zentralkomitee der deutschen Katholiken und Katholisches Bibelwerk, Stuttgart 1974; "Reise ins Heilige Land", Stuttgart 1984; ebenfalls in: Rolf Rendtorff, Hans Hermann Henrix (Hg.), Die Kirchen und das Judentum. Dokumente von 1945 - 1985, Paderborn, Gütersloh, 3. Aufl. 2001, 288-303. Gründlich überarbeitete und erweiterte Neuauflage im Katholischen Bibelwerk, Stuttgart 1998.

- "Nach 50 Jahren - wie reden von Schuld, Leid und Versöhnung?". Erklärung vom 6. Januar 1988: Berichte und Dokumente, Heft 68 (1988), 16-46; ebenfalls in: Hans Hermann Henrix, Wolfgang Kraus (Hg.), Die Kirchen und das Judentum. Dokumente von 1986 - 2000, Paderborn, Gütersloh 2001, 341-353; erschienen als Sonderdruck, mit einer Einführung von Hanspeter Heinz und Rabbiner Marcel Marcus sowie einer Zusammenfassung der Aussprache in der Vollversammlung des ZdK.

- "Kloster und Kreuz in Auschwitz?". Erklärung vom 4. April 1990: Berichte und Dokumente, Heft 75 (1990), 45-52; ebenfalls erschienen in: Hans Hermann Henrix, Wolfgang Kraus (Hg.), Die Kirchen und das Judentum. Dokumente von 1986 - 2000, Paderborn, Gütersloh 2001, 374-378.

- "Juden und Judentum im neuen Katechismus der Katholischen Kirche - Ein Zwischenruf". Diskussionspapier vom 29. Januar 1996: Berichte und Dokumente, Heft 101 (1996), 27-31; ebenfalls in: Hans Hermann Henrix, Wolfgang Kraus (Hg.), Die Kirchen und das Judentum. Dokumente von 1986-2000, Paderborn, Gütersloh 2001, 387-391; als Sonderdruck, ergänzt durch vier Stellungnahmen aus den USA von Eugene J. Fisher, James L. Heft, Alan Mittleman und Michael A. Signer.

Veröffentlichungen des Gesprächskreises "Juden und Christen"

– "Nachdenken über die Schoa. Mitschuld und Verantwortung der katholischen Kirche. Zur Erklärung der Vatikanischen Kommission für die religiösen Beziehungen zu den Juden vom 16. März 1998". Stellungnahme vom 4. September 1998: Berichte und Dokumente, Heft 109 (1999), 77-85; ebenfalls in: Hans Hermann Henrix, Wolfgang Kraus (Hg.), Die Kirchen und das Judentum. Dokumente von 1986 - 2000, Paderborn, Gütersloh 2001, 392-399.

– "Papst Pius IX. und die Juden". Stellungnahme vom 21. Juli 2000: Berichte und Dokumente, Heft 113 (2001), 51-53.

– "Auschwitz - Geschichte und Gedenken", hrsg. v. Zentralkomitee der deutschen Katholiken und Katholisches Bibelwerk, Stuttgart 2002.

Tagungen und Reisen

– Wilhelm Breuning, Nathan Peter Levinson, Zeugnis und Rechenschaft. Ein christlich-jüdisches Gespräch, Stuttgart 1982.

– Wilhelm Breuning, Hanspeter Heinz (Hg.), Damit die Erde menschlich bleibt. Gemeinsame Verantwortung von Juden und Christen für die Zukunft, Freiburg, Basel, Wien 1985.

– Dokumentation der Studienreise von Präsidium und Gesprächskreis "Juden und Christen" des Zentralkomitees der deutschen Katholiken vom 8.-16. März 1986 nach New York und Washington: Berichte und Dokumente, Heft 63 (1987), 1-66.

– Bericht über eine Reise des Präsidiums des Zentralkomitees der deutschen Katholiken und von Mitgliedern des Gesprächskreises "Juden und Christen" nach Ungarn vom 5. bis 10. April 1991: Berichte und Dokumente, Heft 80 (1991), 1-32.

– Bericht über die Polenreise des Präsidiums des Zentralkomitees der deutschen Katholiken und des Gesprächskreises "Juden und Christen" vom 10. bis 17. Oktober 1993: Berichte und Dokumente, Heft 92 (1994), 1-107.

– Die Gottrede von Juden und Christen unter den Herausforderungen der säkularen Welt. Symposion des Gesprächskreises "Juden und Christen" beim Zentralkomitee der deutschen Katholiken am 22./23. November 1995 in der Katholischen Akademie Berlin: Berichte und Dokumente,

Veröffentlichungen des Gesprächskreises "Juden und Christen"

Heft 103 (1996), 1-95; auch erschienen als:
Dieter Henrich, Johann Baptist Metz, Bernd Jochen Hilberath, R. J. Zwi Werblowsky, Die Gottrede von Juden und Christen unter den Herausforderungen der säkularen Welt. Symposion am 22./23. November 1995 in der Katholischen Akademie Berlin, Münster 1997.

Auf Anregung und mit Unterstützung des Gesprächskreises entstandenes Projekt:

– Günter Biemer, Ernst Ludwig Ehrlich (Hg.), Lernprozess Christen Juden, 4 Bde., Düsseldorf, Freiburg 1980 ff.

Die Erklärungen des Gesprächskreises können bestellt werden beim Zentralkomitee der deutschen Katholiken, Hochkreuzallee 246, D-53175 Bonn oder per E-Mail: presse@zdk.de. Siehe auch unter www.zdk.de

Autoren dieses Buches

Mary C. Boys SNJ
Skinner and McAlpin Professor of Practical Theology, Union Theological Seminary, New York City

Ernst Ludwig Ehrlich
Honorarprofessor für Neuere Jüdische Geschichte und Literatur an der Universität Bern; Europäischer Direktor von B'nai Brith, Basel

Eugene J. Fisher
Associate Director, Secretariat for Ecumenical and Interreligious Relations, National Conference of Catholic Bishops (USA)

James L. Heft SM
Professor of Faith and Culture and Chancellor at the University of Dayton/OH

Hanspeter Heinz
Professor für Pastoraltheologie an der Universität Augsburg; Leiter des Gesprächskreises "Juden und Christen"

Walter Kardinal Kasper
Präsident der Vatikanischen Kommission für die religiösen Beziehungen zu den Juden

Uri Kaufmann
Forscher und Referent im Bereich der mitteleuropäischen jüdischen Geschichte, Heidelberg

Karl Kardinal Lehmann
Bischof von Mainz; Vorsitzender der Deutschen Bischofskonferenz

Alan Mittleman
Professor of Religion at Muhlenberg College, Allentown/PA

John T. Pawlikowski OSM
Professor of Social Ethics at Catholic Theological Union, Chicago; President of the International Council of Christians and Jews

Michael A. Signer
Abrams Professor of Jewish Thought and Culture, Department of Theology, University of Notre Dame, Southbend/IN

Wissenschaftliche Paperbacks
Theologie

Michael J. Rainer (Red.)
"Dominus Iesus" – Anstößige Wahrheit oder anstößige Kirche?
Dokumente, Hintergründe, Standpunkte und Folgerungen
Die römische Erklärung "Dominus Iesus" berührt den Nerv der aktuellen Diskussion über den Stellenwert der Religionen in der heutigen Gesellschaft. Angesichts der Pluralität der Bekenntnisse soll der Anspruch der Wahrheit festgehalten werden.
Bd. 9, 2. Aufl. 2001, 350 S., 20,90 €, br., ISBN 3-8258-5203-2

Rainer Bendel (Hg.)
Die katholische Schuld?
Katholizismus im Dritten Reich zwischen Arrangement und Widerstand
Die Frage nach der „Katholischen Schuld" ist spätestens seit Hochhuths „Stellvertreter" ein öffentliches Thema. Nun wird es von Goldhagen neu aufgeworfen, aufgeworfen als moralische Frage – ohne fundierte Antwort.
Wer sich über den Zusammenhang von Katholizismus und Nationalsozialismus fundiert informieren will, wird zu diesem Band greifen müssen: mit Beiträgen u. a. von Gerhard Besier, E. W. Böckenförde, Heinz Hürten, Joachim Köhler, Johann Baptist Metz, Rudolf Morsey, Ludwig Volk, Ottmar Fuchs und Stephan Leimgruber.
Bd. 14, 2002, 368 S., 19,90 €, br., ISBN 3-8258-6334-4

Theologie: Forschung und Wissenschaft

Ulrich Lüke
Mensch – Natur – Gott
Naturwissenschaftliche Beiträge und theologische Erträge
Dies Buch ist ein Angriff auf die praktizierte Apartheid des Denkens zwischen Naturwissenschaftlern und Theologen. Die einen werden mit ihren verschwiegenen philosophisch-theologischen Denkvoraussetzungen und -konsequenzen und die anderen mit den empirischen Implikationen ihres Glaubens konfrontiert. Eine methodisch konsequent in naturwissenschaftliche und philosophisch-theologische Aussagen geteilte Welt ist nicht gesund, sondern schizophren. Der Autor plädiert nachdrücklich für ein naturwissenschaftliches Mitspracherecht bei theologischen und eine theologische Konsultationspflicht bei naturwissenschaftlichen Fragen, für einen umfassenden interdisziplinären Diskurs. So trägt er in den spannenden Zeit- und Streitfragen dem Wort des Thomas von Aquin Rechnung: „Ein Irrtum über die Welt wirkt sich aus in einem falschen Denken über Gott."
Bd. 1, 2002, 184 S., 17,90 €, br., ISBN 3-8258-6006-x

Wolfgang W. Müller
Gnade in Welt
Eine symboltheologische Sakramentenskizze
Sakramente sind Erkennungszeichen für die Suche des Menschen nach Ganz-Sein und Heil als auch der Zu-Sage der Heilsgabe Gottes an uns Menschen. Sakramente werden in der Theologie bedacht, in der Liturgie gefeiert. Vorliegender symboltheologischer Entwurf folgt einer Einsicht moderner Theologie, Dogmatik und Liturgiewissenschaft aufeinander bezogen zu denken. Die symboltheologische Skizze eröffnet einen interdisziplinären Zugang zum Sakramentalen.
Bd. 2, 2002, 160 S., 17,90 €, br., ISBN 3-8258-6218-6

Gabriel Alexiev
Definition des Christentums
Ansätze für eine neue Synthese zwischen Naturwissenschaft und systematischer Theologie
Eine wesentliche Führungsgröße im zwischenmenschlichen Gespräch ist die Eindeutigkeit der einschlägigen Begrifflichkeit, die erfahrungsgemäß durch möglichst klare und gültige Begriffsbestimmungen, also durch „Definitionen", zustande kommt.
Die vorliegende Arbeit bemüht sich unter Absehen konfessioneller Eigenheiten, wohl aber unter Einbezug naturwissenschaftlicher Ergebnisse (hier besonders der Biologie) um die Erarbeitung einer möglichst gültigen und klaren „Definition des Christentums".
Bd. 3, 2002, 112 S., 17,90 €, br., ISBN 3-8258-5896-0

Klaus Nürnberger
Theology of the Biblical Witness
An evolutionary approach
The "Word of God" emerged and evolved as divine responses to changing human needs in biblical history. By tracing the historical trajectories

LIT Verlag Münster – Hamburg – Berlin – Wien – London
Grevener Str./Fresnostr. 2 48159 Münster
Tel.: 0251 – 23 50 91 – Fax: 0251 – 23 19 72
e-Mail: vertrieb@lit-verlag.de – http://www.lit-verlag.de

of six paradigms of salvation, such as ex-odus, kingship and sacrifice, through a millennium of biblical history, Nürnberger reveals a vibrant current of meaning underlying the texts which expresses growing insight into God's redeptive intentions and which can be extrapolated in to the present predicaments of humankind. Das Wort Gottes entstand und entfaltete sich als göttliche Antwort auf sich verändernde menschliche Notlagen. Indem Nürnberger die Bahn von sechs soteriologischen Paradigmen wie Exodus, Königtum und Opfer durch ein Jahrtausend biblischer Geschichte verfolgt, zeigt er einen Bedeutungsstrom auf, der eine wachsende Einsicht in Gottes Heilswillen bloßlegt und den man in die gegenwärtigen Nöte der Menschheit fortschreiben kann.
Bd. 5, 2003, 456 S., 34,90 €, br., ISBN 3-8258-7352-8

Herbert Ulonska; Michael J. Rainer (Hg.)
Sexualisierte Gewalt im Schutz von Kirchenmauern
Anstöße zur differenzierten (Selbst-)Wahrnehmung. Mit Beiträgen von Ursula Enders, Hubertus Lutterbach, Wunibald Müller, Michael J. Rainer, Werner Tzscheetzsch, Herbert Ulonska und Myriam Wijlens
Kirchen beanspruchen eine hohe moralische Autorität, wenn es um die Bewahrung der Würde des Menschen geht. Kirchen werden an den Pranger gestellt, wenn sexualisierte Gewalt gegen Kinder und Jugendliche durch ihre Amtsträger und Mitarbeitenden aufgedeckt wird. Angesichts des „Seelenmordes" dürfen Kirchenmauern das Unfaßbare nicht verschweigen und pädosexuellen Tätern keinen Schutz gewähren. Kirchen beginnen endlich zu handeln und das Schweigen zu brechen. Um aber präventiv handeln und konkret arbeiten zu können, ist vertiefendes Wissen dringend erforderlich. Anstöße für eine differenzierte Selbst-Wahrnehmung bieten die hier erstmalig zusammengeführten Perspektiven aus Kirchengeschichte und -recht, Religions-Pädagogik und Psychologie, Medien- und Multiplikatorenarbeit.
Bd. 6, 2003, 192 S., 17,90 €, br., ISBN 3-8258-6353-0

Wilhelm H. Neuser
Die Entstehung und theologische Formung der Leuenberger Konkordie 1971 bis 1973
Die Leuenbürger Konkordie (1973) hat sich als das große Einigungswerk zwischen den lutherischen und reformierten Kirchen Europas erwiesen. Sie ist Grundlage auch der erfolgreichen Konsensgespräche mit anderen Kirchen. Zum 30jährigen Jubiläum legt der Verfasser, der selbst Teilnehmer war, eine Textausgabe vor, die erstmals Tischvorlagen in den Arbeitsgruppen und die Vorlagen für das Plenum umfaßt. Die Entstehung des Entwurfs 1971 und die Revision 1973 erscheint nun als ein Prozeß, der die theologische Formung der Konkordie genau verfolgen läßt. Die Textausgabe wird so zum Kommentar der Konkordie. Der Verfasser gibt in der Einleitung eine erste Deutung. Im Anhang werden acht Begleittexte geboten.
Bd. 7, 2003, 136 S., 19,90 €, br., ISBN 3-8258-7233-5

Forum Christen und Juden
herausgegeben von Prof. Dr. Erhard Blum (Tübingen), Prof. Dr. Hanspeter Heinz (Augsburg) und PD Dr. Uri Kaufmann (Heidelberg)

Susanne Gäßler
Die Entdeckung der menschlichen Würde
Jüdische Lebenswelt und humanistische Lebensgestaltung bei Friedrich Georg Friedmann
F. G. Friedmann (geb. 1912), einer der letzten Repräsentanten des deutschen liberalen Judentums, kehrte 1960 aus den USA nach Deutschland zurück und lehrte an der Universität München amerikanische Kulturgeschichte.
S. Gäßler stellt das Spätwerk Friedmanns vor, der sich seit der Emeritierung vor allem mit seiner jüdischen Identität, dem jüdisch-christlichen Verhältnis und dem Beitrag des Judentums zu einem neuen, religiös begründeten Humanismus auseinandersetzt.
Bd. 2, 2002, 216 S., 19,90 €, br., ISBN 3-8258-6326-3

LIT Verlag Münster – Hamburg – Berlin – Wien – London
Grevener Str./Fresnostr. 2 48159 Münster
Tel.: 0251 – 23 50 91 – Fax: 0251 – 23 19 72
e-Mail: vertrieb@lit-verlag.de – http://www.lit-verlag.de

Theologie

Dominik Bohne
Friedrich Wilhelm Hopf
(1910–1982) Pfarrer, Kirchenpolitiker, theologischer Publizist, Mann der Mission
Bd. 38, 2001, 344 S., 20,90 €, br., ISBN 3-8258-5338-1; 35,90 €, gb., ISBN 3-8258-5337-3

Eugene Dike
The Role of Mass Media for the Pastoral Development of the Catholic Church in Nigeria
Bd. 40, 2001, 344 S., 25,90 €, br., ISBN 3-8258-5367-5

Kenneth Nwokolo
Inculturation in Pastoral Care of the Sick
A study in the liturgy of anointing and pastoral care of the sick
Bd. 44, 2002, 456 S., 35,90 €, br., ISBN 3-8258-6142-2

Jutta Siemann
Jugend und Religion im Zeitalter der Globalisierung
Computer/Internet als Thema für Religion(sunterricht)
Bd. 45, 2002, 80 S., 15,90 €, br., ISBN 3-8258-5886-3

Walter Gerwing
Die Gottesherrschaftsbewegung Jesu
Die Phasen des Wirkens Jesu sind: Gewinnung einer Anhänger- und Jüngerschaft, Aussendung der Zwölf und Hinaufzug zum Passafest in Jerusalem. Jesus deutet sie durch die gegenwärtige, sich entwickelnde und vollendende Königsherrschaft Gottes, die final auf den Termin des Passafestes 30 n. Chr. bezogen ist. Mit Jesu Auferstehung wird sie diesseitig-irdisch weitgehend verwirklicht. Jesus hat sich also weder in ihrem Wann noch ihrem Wie geirrt.
Bd. 46, 2003, 288 S., 24,90 €, br., ISBN 3-8258-6299-2

Gesine Jost
Negro Spirituals **im evangelischen Religionsunterricht**
Versuch einer didaktischen Verschränkung zweier Erfahrungshorizonte
Negro Spirituals – ergreifende Gesänge der afroamerikanischen Sklaven des 17./18. Jahrhunderts, Dokumente des christlichen Glaubens und musikalische Überlebensstrategien. Von diesem Erfahrungspotential ausgehend führt die Autorin zu einer einfühlsamen Begegnung mit der Erfahrungswelt heutiger Jugendlicher. Über Analogien in den Bereichen der Heimatlosigkeit und Unfreiheit hinaus wird die rhythmusbetonte Musik als affektive bzw. religiöse Bewältigungsform der Wirklichkeit zum Bindeglied zwischen Sklaven damals und Jugendlichen heute – eine Chance, *Negro Spirituals* religionsdidaktisch neu wahrzunehmen und jungen Menschen ganzheitlich zu begegnen.
Bd. 48, 2003, 224 S., 19,90 €, br., ISBN 3-8258-7329-3

Peter Haigis; Doris Lax (Hg.)
Brücken der Versöhnung
Festschrift für Gert Hummel zum 70. Geburtstag 2003
Die versammelten Beiträge zu Ehren Gert Hummels verstehen sich als Anknüpfung an die vom ihm gelebten Gedanken christlicher Existenz kraft von Gott geschenkter *Versöhnung*. Biographischen Erinnerungen folgen historisch orientierte „Brückenschläge zu Philosophie und Theologie" und an Grundsatzfragen interessierte „Brückenschläge zu gegenwärtigem Denken und Handeln". „Brückenschläge zur politischen Ethik" und „Brückenschläge zur angewandten Ethik" thematisieren christlich verantwortliches Handeln und „Brückenschläge zur kirchlichen Praxis" die Aufgabe, Kirche Jesu Christi *in der Welt* zu sein.
Bd. 49, 2003, 424 S., 24,90 €, br., ISBN 3-8258-6396-4

Karl-Wilhelm Merks (éd.)
Modèles d'unité dans un monde pluriel
Actes du Colloque international de Tilburg (décembre 2001) organisé par la Faculté de théologie de Tilburg (Pays-Bas) et des enseignants du Centre Sèvres (Paris)
Bd. 50, 2003, 136 S., 14,90 €, br., ISBN 3-8258-6473-1

B. Roebben; L. van der Tuin (eds.)
Practical theology and the interpretation of crossing boundaries
Essays in honour of Professor M. P. J. van Knippenberg
Bd. 52, 2003, 304 S., 25,90 €, br., ISBN 3-8258-6617-3

LIT Verlag Münster – Hamburg – Berlin – Wien – London
Grevener Str./Fresnostr. 2 48159 Münster
Tel.: 0251 – 23 50 91 – Fax: 0251 – 23 19 72
e-Mail: vertrieb@lit-verlag.de – http://www.lit-verlag.de